渋沢栄一に学ぶ

「論語《ろんご》と算盤《そろばん》」の経営

田中 宏司
水尾 順一
蟻生 俊夫
［編著］

同友館

はじめに

「キレイに売って、たくさん稼ごう」

これは、知り合いの経営者の言葉である。世の中に迷惑をかけず、まっとうなビジネスを行って、積極的に売上や利益を確保しようということだ。

営利組織である以上、利益は必要であり、それを否定してはいけない。しかし、そのために手段を選ばずでは、社会から認められるはずがない。このことを明治時代から実践していた経営者がいる。

『論語と算盤』を執筆し、現代においても注目されている渋沢栄一（以下、渋沢）である。日本資本主義の父といわれ近代化に貢献した渋沢は、1840（天保11）年、埼玉県深谷市に生まれ、幼少の時代を生家のある血《ち》洗島《あらいじま》で過ごした。

渋沢家は、農業を営む一方で、養蚕と藍玉の製造・販売を兼営していた。渋沢は、父親とともに、信州や上州まで藍の販売と藍葉の仕入れに同行して、商売の才覚を養った。

その後、徳川慶喜に仕え、パリで行われる万国博覧会に慶喜の弟・徳川昭武と同行して欧州の経済システムを学び、後の株式会社制度の構築や合理主義思想を育んだ。

幼少期に学んだ『論語』を拠り所に、倫理と利益（算盤）の両立を掲げ、1916（大正5）年に著書『論語と算盤』を執筆し、「道徳経済合一説」という理念を打ち出した。経済を発展させ、利益を独占するのではなく、国全体を豊かにするために、富は全体で共有するものとして社会に還元することを説くと同時に自身にも心がけた。

『論語と算盤』には、その理念が次のように述べられている。「富をなす根源は何かと言えば、仁義道徳。正しい道理の富でなければ、その富は完全に永続することができぬ」

この理念をもとに、彼は、第一国立銀行や東京商工会議所なども含めて500社におよぶ企業や組織の設立に関わり、日本における資本主義の発展にも多大な貢献を果たした。

一方、現代に目を向ければ、いろいろな企業で不祥事が相次いでいる。2015（平成27）年に発覚した事件だけでも、東洋ゴムによる免震ゴムのデータ改ざん、東芝による不正会計、旭化成建材によるマンションのくい打ち工事事件、フォルクスワーゲンによる排ガス試験の不正など、数え上げれば枚挙にいとまがない。2014年以前にも数多くあった。

渋沢の『論語と算盤』から現代の経営を学び、企業と社会の持続可能な発展に生かしたいという思いで一杯である。

本書は、こうした問題意識からスタートして、産業界で実務を経験しながら勤務する一般社団法人経営倫理実践研究センター（巻末参照）の会員企業のビジネスパーソン、そしてCSR（企業の社会的責任）を研究する日本経営倫理学会会員の学者、研究者らが集まり、議論を始めた。

議論だけではない。我々は渋沢の『論語と算盤』のルーツをさぐるため、２０１４（平成26）年10月に都内飛鳥山にある渋沢栄一記念財団が運営する渋沢史料館を訪ねた。また、２０１５（平成27）年３月には埼玉県深谷市にある渋沢栄一記念館も訪問して、彼の生い立ちや生き様を学び『論語と算盤』に対する思いを一層強めた。

彼が主張した「道徳経済合一説」が、明治・大正・昭和の時代を経て現代に生かされている会社が数多くあることに驚きと喜びを感じたものだ。ぜひ、この気持ちを社会に伝えたい。皆がその思いを一層強くした。

渋沢の『論語と算盤』や他の著作物、関係した企業や組織の資料などをもとに、理論的な考察も加えながら、さらに議論を深めて完成させたのが本書である。いわば、本書は理論と実践を一体化させて、現代に生かす「論語と算盤の経営」として社会に提起するものである。

本書の執筆にあたっては、これまで述べた企業人、研究者、学者に加えて、渋沢にゆかりのある人や組織のゲスト執筆陣も迎えて、実践的でより深みのある内容とした。

渋澤　健（渋沢栄一5代目子孫）・コモンズ投信㈱会長／シブサワ・アンド・カンパニー㈱代表取締役、井上　潤・渋沢史料館館長、新井慎一・渋沢栄一顕彰事業㈱代表取締役などである。加えて、渋沢が設立に関わった企業・団体の中から東京商工会議所、東京ガス㈱、㈱IHI、東京急行電鉄㈱、渋沢の教えを参考にしている企業の中から㈱アデランス、味の素㈱の執筆・協力なども得た。

なお、本文中では敬称は略させていただき、読みやすさを考慮して、文章は極力現代仮名づかいとしている。


本書を書くにあたって、筆者らは多くの組織や会社、関係者の方々にご協力をいただいた。特に日本経営倫理学会からは研究助成金をいただき、一般社団法人経営倫理実践研究センターからはCSR部会という研究の機会を頂戴している。本書の出版もこれらのおかげと心から感謝申し上げる。

また、海堀周造・一般社団法人経営倫理実践研究センター理事長／横河電機㈱取締役会長には、表紙帯に推薦の言葉を賜った。執筆者を代表して衷心からお礼を申し上げたい。

最後に、脇坂康弘・㈱同友館代表取締役社長、および鈴木良二・同社取締役出版部長には、執筆者打ち合わせ、編集業務などにおいて貴重かつ的確な助言も頂戴した。お二方のご協力によって本書を出版することができた。執筆者を代表して心から感謝申し上げる。
本書が多くの人たちや会社、組織にとって、よき道しるべとなれば望外の喜びである。

2016年3月

執筆者を代表して
田中宏司・水尾順一・蟻生俊夫

目次

Ⅱ 渋沢栄一の実践事例に学ぶ ―― 145

【特別寄稿】　渋沢栄一と日本資本主義

渋澤　健

1．渋沢栄一の思想に学ぶ意義

21世紀の資本主義はいかなるか。今世紀が明けた世の中は金融レバレッジに酔い、２００８（平成20）年にはリーマンショックを引き起こして、資本主義への批判が世界中に高まった。米ウォール街は「占領」され、昨今の宗教問題から生じているテロや紛争には経済的要素が根源にある。この「格差社会」を産んだ資本主義は終焉すべきという論調が絶えない。

一方、ＮＨＫ連続テレビ小説「あさが来た」のヒロインは明治時代の実業家の広岡浅子を参考に描いていることが興味深い。朝が来た、つまり、キラキラ光っている新しい社会の夜明けを連想させるドラマであり、その主役は実業だ。そして、その舞台に「日本資本主義の父」といわれる渋沢栄一（以下、渋沢）も登場した。資本主義は格差社会を産む問題児とレッテルを貼ることは偏狭的であり、未来を拓く人間の絶えない智恵という側面にも目を向けるべきである。

ただ、人間は単純だ。未来のことを考えるときに、現在から未来へ一直線な線を引く傾向がある。80年代のバブルのピークでは、日本の高度成長がずっとそのまま一直線に延長する未来を描いていた。でも、そうはならなかった。

一方、現在はアベノミクスなどで元気が戻ってきた側面もある。ただ、人口増による成長という過去の成功体験をそのまま引きずっており、高齢化少子化に悩まされている日本の未来は暗いという一直線で線を引いている傾向が根強い。

しかし、未来は決して一直線で到来するものではなく、そのヒントが作家マーク・トウェインの名言にある。「History doesn't repeat itself, but it does rhyme.—歴史は繰り返すことがないが、韻を踏む」。歴史はそのまま繰り返すことはないがリズム感がある、つまり、周期性があるということだ。

そういう意味では、過去を検証することはその時代へ戻ることを考察しているのではない。あくまでも原点を再確認している未来志向である。歴史を通じて学ぶべきことは、どの時代でも通じる人間の普遍性、そして、どの時代でも存在していた未来志向による新しい社会の夜明けを促す挑みだ。

ゆえに渋沢の思想を学ぶことの重要性は、彼の過去の壮大な功績を尊ぶためではない。あく

て、渋沢が蘇るのである。

までも、これから21世紀において我々が新しい社会を次世代に遺すために活用すべき思想とし

2. 論語（道徳）と算盤（商業）の両立

世界的にベストセラーとなった『21世紀の資本』の著者、トマ・ピケティは「富が公平に分配されないことによって、社会や経済が不安定になる」と警告を鳴らした。ただ、これは21世紀に限られた問題ではない。

1916（大正5）年に初版された『論語と算盤』の「合理的の経営」で、渋沢は「その経営者一人がいかに大富豪になっても、そのために社会の多数が貧困に陥るようなことでは、その幸福は継続されない」と、当時の経営者のマインドセットを問題視している。

この警告を鳴らしていたおよそ40年前に、渋沢は資本主義を日本に導入することを導き、大勢の賛同と協力によって経済社会が発展し、後進国であった日本は当時の先進国と背比べができるほど国力が増強した。

ところが、国力の根源には民間力の向上が不可欠であると信念を持っていた渋沢は現状を危惧していた。富が経済社会の一部に集中してとどまっている。この状態が継続するようでは将

来が不安定になる。100年の年月を経ても、ピケティが指摘している経済社会の問題と共通点がある。

しかし、二人が指摘した問題が同じであっても、彼らの解決策は異なった。ピケティの経済的格差の是正の解決策は課税だ。世界的な累進課税で富裕層を課税して、格差を是正すべきと提唱する。つまりピケティは、政府は万能であり、富の再分配を任すべきと考えているようだ。

一方、渋沢が提唱した格差是正の解決策は論語（道徳）と算盤（商業）の合致だ。政府に再配分の役目があることに間違いないが、万能ではない。やはり活性する経済社会には民間が主導し、自らの意識で社会的課題の解決に取り組むべきという姿勢が重要だ。格差問題を解決できる国力の根源には、民間力の向上という渋沢のぶれない軸を感じる。そして、その民間力を向上するためには、道徳観によって信用を高めることが不可欠であると渋沢は考えた。

「正しい道理の富でなければその富は完全に永続することができない。従って、論語と算盤という懸け離れたものを一致させることが今日のきわめて大切な務である」と渋沢は同じく『論語と算盤』の「論語と算盤は甚だ遠くして甚だ近いもの」でも指摘している。

道徳的資本主義を「優しい資本主義」と誤った解釈が少なくないが、とんでもない。定められているルール（規則）に受動的に順守するということだけにとどまらず、プリンシプル（原則）を自律的に実践しなければならないのだ。かなり「厳しい資本主義」の思想である。

上記の引用に、「継続する」「永続する」というキーワードが登場する。つまり、渋沢が「論語と算盤」を通じて当時の日本社会へ伝えたかったメッセージを現代風に表現すると、それはサステナビリティ、持続性であると解釈できる。

算盤勘定ができなければ、当然ながら持続性は見込めない。一方、算盤だけを見つめていると、つまずいてしまうかもしれない。また、論語読みであることを誇りに「お金儲け卑しい」という上から目線だけでは新しいことが始まらない。環境が変化する世の中で、新しいことが始まらなければ、持続性は不可能だ。

渋沢の思想に論語（道徳）のために、算盤（商業）を犠牲せよという考えは根本的にない。あくまでも国力を高めるためには民間が用いる算盤を高める必要があり、算盤を持続的に向上させるには民間の信用を高める道徳が不可欠であると考えた。そして、民間の信用が高まれば、商業も繁栄して国力へとつながるという好の連鎖が期待できる。

このように考えると、「論語と算盤」で最も大切な文字は「と」であるということが見えてくる。渋沢が提唱したのは、論語「か」算盤ではなく、あくまでも、論語「と」算盤だ。渋沢は「論語と算盤」を通じて、「と」の力を発揮せよと奨励していたのだと思う。

もちろん「か」の力も大切だ。「白か黒か」「1か0か」という比較の判断を下し、効率性が高まってコトが進む。しかし「か」の力はすでに存在している選択肢から判断することであり、この力だけでは新しいものが生まれてこないともいえる。

一方、「と」の力とは効率性が乏しい場合もある。一見、相容れない矛盾を合わせる必要があるかもしれないからだ。そもそも、どのように「論語」と「算盤」を合わせる矛盾を解決することができるのか。

すぐに諦めるようであれば、「と」の力が欠けていることになる。「と」の力とは、常に問い続けることであり、工夫を続ける力だ。その問いと工夫を続ければ、いずれ矛盾が合う側面が見つかるかもしれない。そうすれば、今まで存在していなかったものが産まれたことになる。つまり、「と」の力とは、想像力を通じた創造力なのだ。

企業など組織のトップには「と」の力が不可欠だ。一方、組織の中間層は判断という「か」の力で、次の上層部に上げればコトは進む。しかし、トップが判断材料を待つ姿勢では組織は止まる。

現在では物事が確定しているが、将来のすべてが多からず少なからず不確定だ。組織トップの存在意義は判断ではなく、決断だ。現在と将来という矛盾と向き合うために決断することがトップならではの役目である。

企業の価値創造には顧客、取引先、従業員、株主、社会とさまざまなステークホルダーが欠かせないが、それぞれの要求には矛盾が多い。経営者は「か」の力のように、どれかを選んで他を排除することができない。「と」の力によってそれぞれの矛盾を組み合わせながら価値創造に務めることが経営者に託された務めだ。

渋沢の「論語と算盤」が提唱するのは、この「と」の力である。これはやさしいことではない。しかし、道徳や倫理を企業経営に実践する「論語と算盤」とは、不確定要素がますます高まる21世紀の世の中において、未来に向かって創造性を促し、持続可能性を実現させることに務める資本主義の要である。

3．微力の足し算・掛け算

「我々は微力であるかもしれないが、決して無力ではない」

この勇敢なメッセージの発言主は、実は渋沢ではなく、テラ・ルネッサンスというＮＰＯの創設者の鬼丸昌也である。高校生のときに鬼丸は「すべての人に未来を造りだす力がある」という教えに感化される。そして、22歳の大学生のときに、「すべての生命が安心して生活できる社会の実現」のためにテラ・ルネッサンスを設立し、現在はアフリカなどで地雷、小型武器、子ども兵、平和教育という４つの重要課題の解決に取り組んでいる若手精鋭だ。

鬼丸の素晴らしいメッセージは、社会的課題の解決だけに限定される壮大な理念ではない。実は、渋沢が提唱した資本主義の原点そのものだ。

渋沢が実践した資本主義の原点に銀行の創設がある。我々が「銀行」という言葉を聞けば、社会においてどのような役目を果たしているか想像できる。しかし、1873（明治6）年に、日本人が「銀行」という言葉を聞いても首をかしげたであろう。なぜなら、その年まで日本には存在しておらず、「銀行」という言葉も造語である。今の表現を使えば、新しいベンチャーに過ぎなかったからである。当時の日本人が見たこともなかった銀行というベンチャーの存在の価値について、出資者を説得する株主募集布告で、渋沢は下記の表現を用いた。

「銀行は大きな河のようなものだ。銀行に集まってこない金は、溝に溜まっている水やポタポタ垂れている滴《しずく》と変わりない。せっかく人を利し国を富ませる能力があっても、その効果はあらわれない」

ポタポタ垂れている滴は清い。しかし、微力である。ただ、その微力な滴が方々から寄り集まれば、それがこぼれ落ちて流れになる。その流れが他の流れと合流すれば、いずれ力強い大河になる。

お金という資源は散らばった状態では微力であるが、銀行に集まれば、いずれ未来に向いた流れを創れる。この流れが国の原動力となり、国の経済発展を支える。この期待が、日本の資本主義の原点にあるのだ。

つまり、微力であっても、足し算や掛け算によって、未来を造りだす勢力へと化けられる可能性が資本主義に潜めているのだ。

一方、無力はゼロだ。無力をいくら足し算しても、いくら掛け算しても、結果はゼロ、つまり無力にしかならない。

現在の世の中は、我々が制御することができない国内外情勢があまりにも多く、無力感に陥ることがあるかもしれない。しかし、不安定期であるからこそ、鬼丸昌也と渋沢のこの大事なメッセージを忘れてはならない。

我々一人ひとりは微力ではあるかもしれないが、決して無力ではない。「微力の足し算・掛け算」の民間主導を取り戻さないと、官制相場、国家資本主義の虜という無力な存在に陥る恐れが高まる正念場を迎えている。

散らばった状態が自発的に寄り集まってくるためには共感が必要だ。そもそも自分のお金を安全・安心なところに預けたいという共感がなければ、銀行にお金は集まってこなかった。また、成長を求める未来志向への共感もなければ、集まったお金は同じところにとどまってしまう。未来への持続可能性を求める志向が弱含み、現在の現状維持にとどまる思考停止が強まるようでは、せっかく溜まった水が淀んでしまう。「今日よりも、よい明日」という清い滴が未来を拓く大河になる資本主義には、一人ひとりの未来志向の共感が不可欠だ。

4．資本主義と合本主義

渋沢は銀行など500社ほどの会社の設立に関与したといわれ、「日本資本主義の父」と評されている。ただ、渋沢本人が、資本主義という言葉を使った記録を見かけたことがない。一方、渋沢は「合本制」や「合本主義」という言葉はよく使っていた。果たして資本主義と合本主義の意味合いに違いがあるのであろうか。

「資本主義」を英語ではCapitalismという。Capitalの原語、capitaはラテン語で「頭」のことを示す。したがって、資本主義には「頭」という賢い存在が必要だ。物事を比べて優位性や有益性を判断できる賢さが資本主義には求められている。

一方、「合本主義」は、現在使われていない言葉なので、英語で表現する直訳がない。ただ、合本主義とは、「一滴一滴の滴が集まって大河になる」というイメージがある。つまり、優位性、有益性ではなくて、共感性や有効性だ。そういう意味で、合本主義を英語で表現すればCorporatismという訳が適していると考える。

直訳すれば「組織化」になるが、この言葉にcorpusというラテン語の原語がある。「体」のことだ。つまり、大きな石があって、微力である一人では動かすことはできない。しかし、複数の体が共感して同じ方向に押せば、その石は動く。これが合本主義の基本的な考え方だ。

一方、資本主義でも大きな石は一人の力では動かない。ただ、頭だから賢いのだ。長い棒を使ってテコにすれば石は動く。たった一人で動かすことができるから、とても賢い。しかしながら、石が止まって逆回転するようなことがあると、棒が急に跳ね上がって、梃子の逆の原理で怪我をしてしまうかもしれない。

このようなレバレッジのリスクが資本主義には内在されている。一方、合本主義の場合は、テコ入れのようなレバレッジより、共感する目標に向かって身体を合わせて協働するというイメージがある。

資本主義と合本主義は微妙な違いしかないかもしれない。両方とも未来志向が原動力となっているからだ。しかし、昨今、「新しい資本主義」を求めている声が増えているが、それは特に新しいことではなく、実は原点回帰を求めている側面があるのかもしれない。

5. 豊かさの持続という課題

2016（平成28）年のリオデジャネイロ・オリンピックを経て、いよいよ2020年の東京オリンピックの開催に向けてのカウントダウンが始まる。むろん、２０２０年はゴールではなく、通過点に過ぎない。高齢少子化である日本社会の豊かさの持続は可能なのか。いずれにしても、２０２０年は時代の大事な節目になる。

現在（２０１６年）の社会の主役は団塊の世代だ。一番人口が多く、投票率も高い。それだけではなく、高度成長をつくって、その恩恵を受けてきた世代でもある。それほど意識しなくても年金制度や貯金で富を築き、平たくいえば、お金を持っている世代である。人数が多く、投票率が高く、お金を持っている層が、民主主義において社会のあり方を決める主役であることは当然だ。

ところが２０２０年以降、日本社会では世代交代が加速し、現在から30年後に人口層が最も多いのは団塊ジュニアになる。現在、40代半ばの世代である。この世代は今後、投票率も高まるであろう。

ただ、団塊の世代と比べて団塊ジュニアはお金を持っていない世代である。彼らが大学生のときにバブルのピークを迎えたので、成人として高度成長の恩恵を受けていないのだ。よほど意識をしていない限り、資産形成が乏しく、お金がない世代である。

そういう意味では、２０２０年以降の日本社会の主役にお金がないことは、本人にとってももちろんのこと、日本社会にとっても大変深刻な社会的課題である。

ただ、２０２０年以降の主役が豊かな社会を築ける可能性はあると考える。なぜなら彼らは過去の成功体験を持っていないからだ。過去の成功体験にとらわれるようでは新しい価値観にもとづく時代の豊かさをつくることができない。人口が増えて、モノが増える物質的な豊かさの成功体験は、これから21世紀の日本の豊かさには役に立たないのだ。

しかし、どの時代であろうと、豊かな社会を築くために必要な普遍性と未来志向が存在していた。渋沢の思想にはその普遍性と未来志向に満ちている。だからこそ、我々は渋沢の思想を過去の産物ではなく、21世紀の日本には不可欠な遺産として活用すべきだ。世代交代が本格化する２０２０年以降、日本が豊かな生活を持続できるのは、微力である日本人一人ひとりが自分たちの「未来を造りだす力」に気づいたときだ。

【プロローグ】　現代に生きる「論語と算盤」の経営

1．「守りのガバナンス」と「攻めのECSR（ES、CS、CSR）」

⑴「守りと攻めの、強くやさしい会社」を目指して

いつの時代にあっても、お客に支持され、従業員からもよい会社と評価されながら、栄え続ける会社とは、どのような会社だろうか。その疑問を解く一つの言葉がここにある。

「強くなければ生きていけない、やさしくなければ生きている資格がない」

作家のレイモンド・チャンドラーが残した有名な言葉だ（Chandler、1958、訳本）。いまの時代に生きていく人間に必要な条件だだが、これは会社にとっても同じことがいえる。

企業は、100年といわず数百年先まで未来永劫に存続できることが理想だ。そのためには、安全・安心をベースに社会のルールを守りながら、売上や利益を追求し、明日に向かって確固たる基盤をつくる強い企業であることだ。いわゆる「守りのガバナンス」である。

そのうえで、従業員の満足を追求しながら（ＥＳ＝Employee Satisfaction：従業員満足）、消費者に喜びを与え（ＣＳ＝Customer Satisfaction：顧客満足）、そして取引先や地域社会・地球環境など多様なステークホルダー（利害関係者）に対し貢献する（ＣＳＲ＝Corporate Social Responsibility: 企業の社会的責任。以下、ＣＳＲ）姿勢が必要だ。

それぞれの頭文字を合体させたＥＣＳＲこそ、従業員が働くことに喜びを感じ、顧客や社会からも信頼され、最終的には企業が利益を獲得する原動力となるのである（図表序－1）。筆者はこの3つの英語の頭文字を一体化させて「攻めのＥＣＳＲ」と称している（水尾、２０１５ａ）。

日本資本主義の父といわれる渋沢も、この

図表序－1「守りのガバナンス」と「攻めの ECSR」

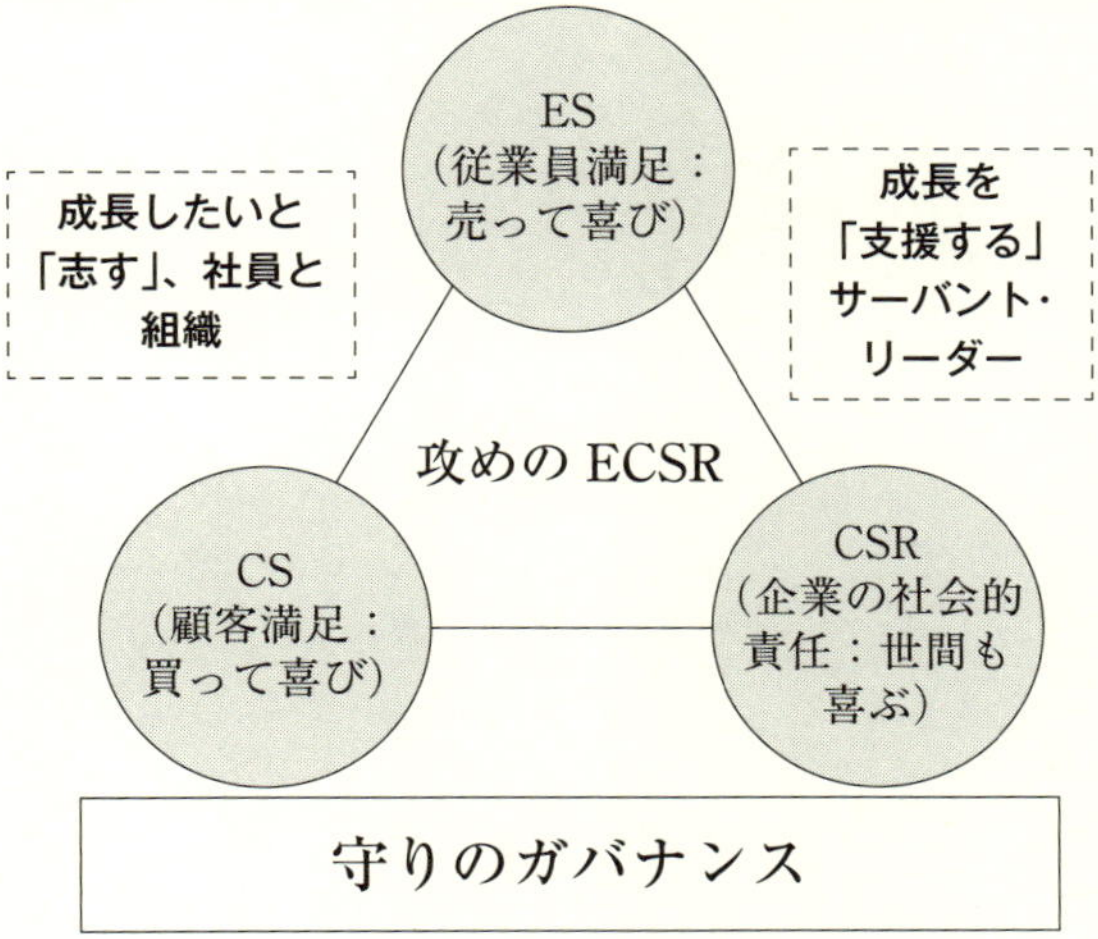

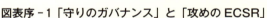

「守りのガバナンス」と、「攻めのＥＣＳＲ」の精神を大切にした。

彼の代表的な著作である『論語と算盤』では、「国の富をなす根源は何かと言えば、社会の基本的な道徳を基盤とした正しい素性の富なのだ。そうでなければ、その富は完全に永続することができない」として論語の精神にもとづく仁義道徳の重要性を指摘した（渋沢著・守屋訳、２０１０）。これは守りのガバナンスである。

さらには、「合本法（株式組織）の道義的運営による事業育成をつうじて国を富ませ、人々を幸せにする」（前掲著）とも指摘した。算盤に象徴される「利益」が国全体の富を作り出し、それにかかわる人たち（従業員）や国民（顧客と社会）の幸福につながり、そして社会の繁栄にも結びつくとした。この考えはまさにＥＣＳＲに相つうじるものだ。

論語と算盤という、それまで相反するとされていた概念を、「守りのガバナンス」と「攻めのＥＣＳＲ」により経営の礎として見事に一致させたのである。

（２）「売り手よし、買い手よし、世間よし」で論語と算盤の実践

「論語と算盤」の経営を実践するうえで、もう一つ重要な教えがある。日本に古くからある「売り手よし、買い手よし、世間よし」という「三方よし」がそれだ。

三方よしは、江戸時代で渋沢が誕生する前からある商いの考え方で、滋賀県の琵琶湖周辺を起点にして、日本全国を行商に歩いた近江商人の経営理念である（三方よし研究所、２０１２）。

伊藤忠商事に代表される近江の「湖東商人」や高島屋の「高島商人」など、彼らはふるさとの近江を離れて全国各地で商いを行い、地域の産業の発展に多大な貢献を果たした。

行商で訪れる地域の特産物などを仕入れて別の地域へ運び、その地で商いを行い、またその特産の商品を同様に仕入れて他国で売りさばくという「諸国産物まわし」の商いを展開したのだ。

彼らが行った「商い」というものは、「売り手」と「買い手」という当事者にとって有益であるだけではない。その取引が「世間（地域社会や周囲の人たち）」にとっても、何がしかの利益をもたらすものでなくてはならない、という考えがその根底にある。

だからこそ、出かけ先の地域経済が繁栄することをいつも考え、稼いだお金で道や橋を直し、あるいは学校や病院までつくって積極的に地域に貢献したのだ。彼らの商いは、当然のことながら他国からも好感をもって受け入れられた。

（3）「ずーっと」人と社会を支える組織

こうした「ＥＣＳＲによる三方よしの経営」の考え方は、渋沢の事業運営にも生きている。

特に三方よしを意識してという記述はないが、『論語と算盤』中で次のように述べている（渋沢著・守屋訳、2010）。

「個人の利益になる仕事よりも、多くの人や社会全体の利益になる仕事をすべきだ、という考え方を、事業を行ううえでの見識としてきた。そのうえで、多くの人や社会全体の利益になるためには、その事業が着実に成長し、繁盛していくよう心がけなければならない」

こうした渋沢の主張に類似した考えをもとに実践する組織は現在も数多く、その一つに北海道の医療法人 渓仁会グループがある。

同グループは、医師・看護師・職員らとともに地域の住民の健康を最優先に取り組み、道民から厚い信頼を得ている。2004（平成16）年にCSR経営への取組みを宣言し、医療・保健・福祉分野では日本初のCSRレポートを2006（平成18）年に発行、今年で記念すべき10年の節目を迎えているのだ。

そのCSR活動は年々進化しており、2015年版のCSRレポートによれば「地域包括ケア」の実現に向けて、医療・保健・福祉が相互に連携することで切れ目なくサービスをつなぎ、人々が生涯にわたり生き生きと自分らしく暮らせる地域づくりを目指している。

この思いを『「ずーっと」人と社会を支える』というグループの社会的使命に込め、日本でも先進的といえるCSR経営を進めている。

こうした患者や地域住民の喜びを目指す活動は、グループで働く医師や看護師、職員などの喜びを生み出し、三方よしの実践につながっている。CSやCSRの実践がESに結びつき、同グループの根幹をなす「人間主義経営（自己実現の経営）」を実践する組織として、「人財」を重視する姿勢がその根底に流れているのだ。

2.「国家百年の計」は人材育成にあり

（1）人的ネットワークが人を育てる

渋沢は人の成長ということに関して、人的交流を基本とした他者との関係性を重視した。しかしその精神には以下のとおり、まったく邪念はなかった。

「私は自分自身の心をもって、自分と一緒にやっていく人物に相対するのである。その人を道具にして自身の勢力を築こうなどの私心はなく、素直な気持ちで適材適所を考えて、多くの人物と接した。……（中略）……私を徳のある人と思ってくれる人もいるかもしれないが、私も人のことを徳があると思っている」（渋沢著・守屋訳、２０１０）

こうした姿勢から彼の周囲に人が集まった。幕末にロンドン大学へ留学した井上薫、伊藤博文らの長州５傑、また五代友厚、森有礼他19名の薩摩藩遣英使節団の中の人間との交流など、多くのネットワークができあがることとなった。

渋沢がその後多くの事業や病院、学校などを立ち上げることができたのも、背景には、こうした多くの人脈があったからだ。たとえば、「女性教育が国家繁栄の礎にもなる」との考えから、その必要性に対する強い信念を持ち、伊藤博文、広岡浅子らとともに日本女子大学の設立にも関与している。

男女を問わず人材育成に力を注いだ渋沢のマネジメントスタイルは、男女共同参画社会やダイバーシティの意味からも現代に生きている。このネットワークこそ、人の成長にはきわめて重要なことを渋沢の人間観から学び取ることができる。

(2) 従業員は「人財」、企業の宝

「守りと攻めの、強くやさしい会社」、その実践のカギは従業員の意識と行動にある。なぜなら、現場第一線で活動する従業員は、お客や地域の人たちに自社の経営理念やマーケティング活動を伝播する役割を果たす意味を持つからだ。一方社内にあっては、現場の彼ら(彼女たち)は、企業の経営理念や活動から喜びを感じ、メリット(成果)を享受する。

つまり、従業員は、企業の価値を伝える伝道者であり、また受益者でもあるという表裏一体の立場を持つ人たちなのである。だからこそ従業員は重要な財産であり、「人財」という言葉

を使用する企業があるのもその意味からだ。

当然のことだが、人材を育てることで会社は発展する。そのことの重要性を渋沢は指摘し、彼は人の成長を促進する教育の重要性を説いたのである。

『渋沢栄一訓言集：学問と教育』の中でも「新しい時代には新しい人が必要だ」として、その時代によって求められる人も変わることから、時代に合った人材を育て、事に当たらせるべきだとある（渋沢、２００７）。

人を育てることの重要性については、古くは中国の戦国期における法家の書物である『管子』の一節にも「国家百年の計は教育にあり」と記されている。

これは、「一年之計莫如樹穀　十年之計莫如樹木　終身之計莫如樹人」（一年の計は穀を樹《う》うるに如くはなし　十年の計は木を樹うるに如くはなし　終身の計は人を樹うるに如くはなし）からきたもので、終身を国家に置き換えたものだ。つまり、一年かけて物事をなそうとするなら穀物を植える、十年かけて行おうとするなら木を植える、終身かけてなら人を育てるのがよいということである。

渋沢は、日本の将来を考え、「国家百年の計」として教育を重んじ、特に営商工業を中心とした実業教育を重視したのだ。彼が重視した商いの道徳観は、論語を背景とした以下の武士道にある。

これを道徳の王道として、前述の「終身の計：人を育てる教育」にも生かした（図表序－2）。1875（明治8）年に商法講習所（現・一橋大学）を設立したのもその想いを実現したかったからである。

ただ、彼は「理論や知識一辺倒ではなく、人格や道徳・正義がその根底にあるべき」として人間の成長に対する想いを語っている。

（3）成長への「志」が人と会社を大きくさせる

会社は人の器以上に大きくはならない、という言葉がある。成長を志すことで人は目標に向かって励み、努力する。その過程をとおして、人間としての器が大きくなり、それが会社ひいては社会の発展につながる。

組織の中における人の成長は、本人の志に

図表序－2　人を育てる終身の計に生かした、道徳の王道

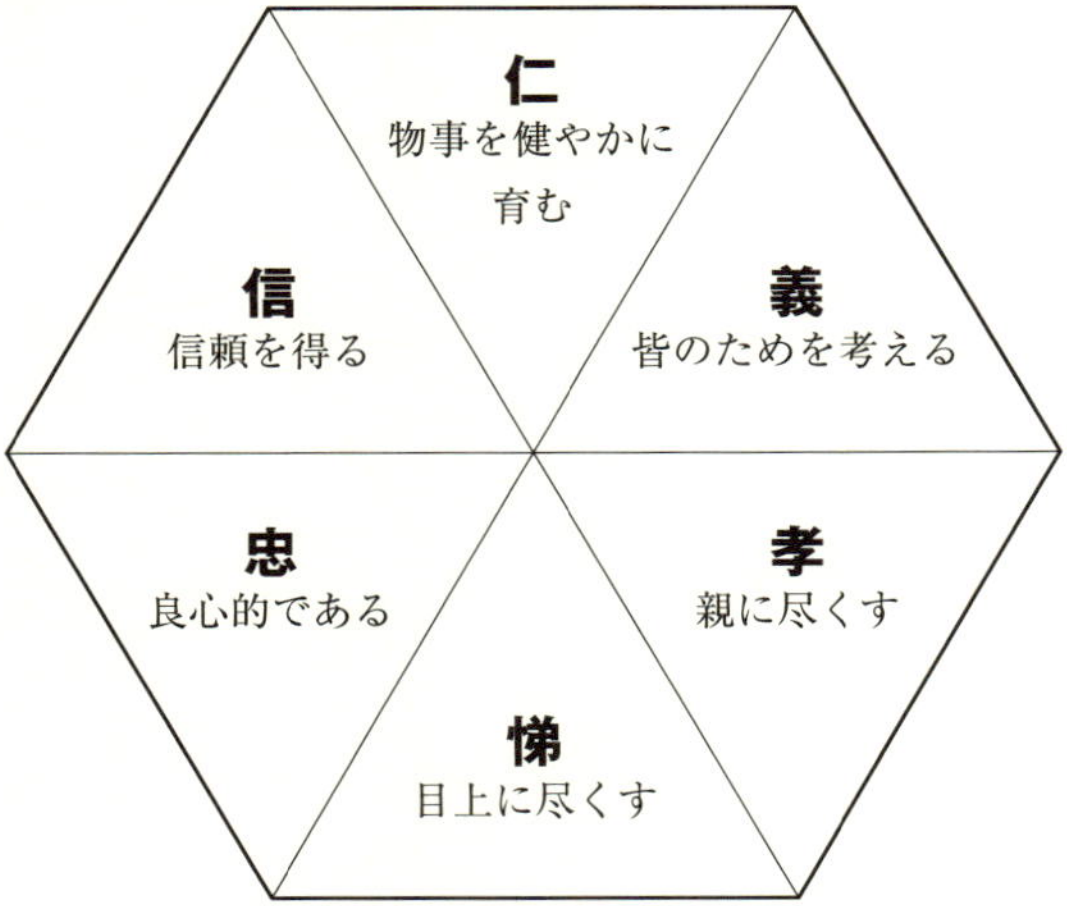

出所：渋沢著・守屋訳（2010）をもとに筆者作成

加えて、成長を支援する環境や上司のサポートが多大な役割を果たす。だからこそ、リーダーは、従業員が何を考えどのような行動をしようとしているのか、彼らの意識と行動に目を向けることが大事なのである。部下や仲間たちとともに喜び、彼らが悩み・考えているときには、彼らの成長を願って支援することも必要だ。

上司の支援という視点から、サーバント（部下を支援する）・リーダーシップという重要な考え方がある。これは米国の経営学者ロバート・グリーンリーフが、1970年に *The Servant as Leader*（『奉仕者としてのリーダー』筆者訳）を執筆し、その中で提唱したリーダーシップ論だ。

リーダーシップのスタイルにサーバント、すなわち奉仕者の考え方を持ち込んだもので、マネジメントの現場では、他者（部下、お客さま）を支援するリーダーシップである。

グリーンリーフは、米国の通信会社AT&Tの経営管理・調査担当取締役を最後に退職、1964年に応用倫理センター（現在はサーバント・リーダーシップのロバート・グリーンリーフセンター）を設立した。その後、マサチューセッツ工科大学やハーバード大学での客員教授としても教鞭をとり、サーバント・リーダーシップの概念をアカデミーと実業界に普及させた学者としても著名である。

3．従業員の「考動力」を育てる、サーバント・リーダーシップ

（1）成長への「志」を支援するサーバント・リーダー

グリーンリーフがいうのは、リーダーが部下の成長のために何ができるかを常に考えながら、助言、援助し目標達成をサポートする、ということだ。自ら考えて行動できる力（考動力）のある人材を育成する、それが「サーバント・リーダー」の役割である。

言葉をかえれば、「組織と個人、そして広く社会の持続可能な発展を目的として、ビジョンと実践を統合させながら、他者や他組織を導き支援するリーダーの思考と行動スタイルを持った指導者」、これこそサーバント・リーダーの姿である。

サーバント・リーダーシップを実践するには、その信念を制度として企業に組み込んでいく行動力や、しかもそれを推進する率先垂範力も包含されることは言うまでもない。これを図に示せば、図表序－3のようになる。

このようなリーダーの活動は、従業員に対して明確な羅針盤を提供するだけでなく、彼らに夢やロマンを与え、また、結果的に従業員と組織間における一体感の醸成に結びつく。

その結果、現場第一線の従業員は、リーダーからの権限委譲をもとに、常に顧客や社会の繁

栄のための活動に専念することができるのだ。

つまり組織全体が、上ばかり向いて仕事をする〝ひらめ人間〟ではなく、部下やお客さまなど他者を支援する風土ができあがる。

成長を志す従業員・組織と、彼らの成長を支援するリーダーのマネジメントが一体になることで、会社は大きく成長し、社会の発展にもつながる。

（2）日本における、サーバント・リーダーの実践例

こうしたリーダーは、数え上げればきりがない。日本では、江戸時代に山形の上杉藩で藩政改革に取り組んだ上杉鷹山《ようざん》もその一人だ。

彼は1759（宝暦9）年、9歳で高鍋藩主（宮崎県）の次男から山形の上杉藩の養子となり、17歳で藩主となって藩政改革を行った。「一汁一菜」という質素な食事で財政改革を訴え、自らが「改革の

図表序－3　サーバント・リーダーシップの実践活動

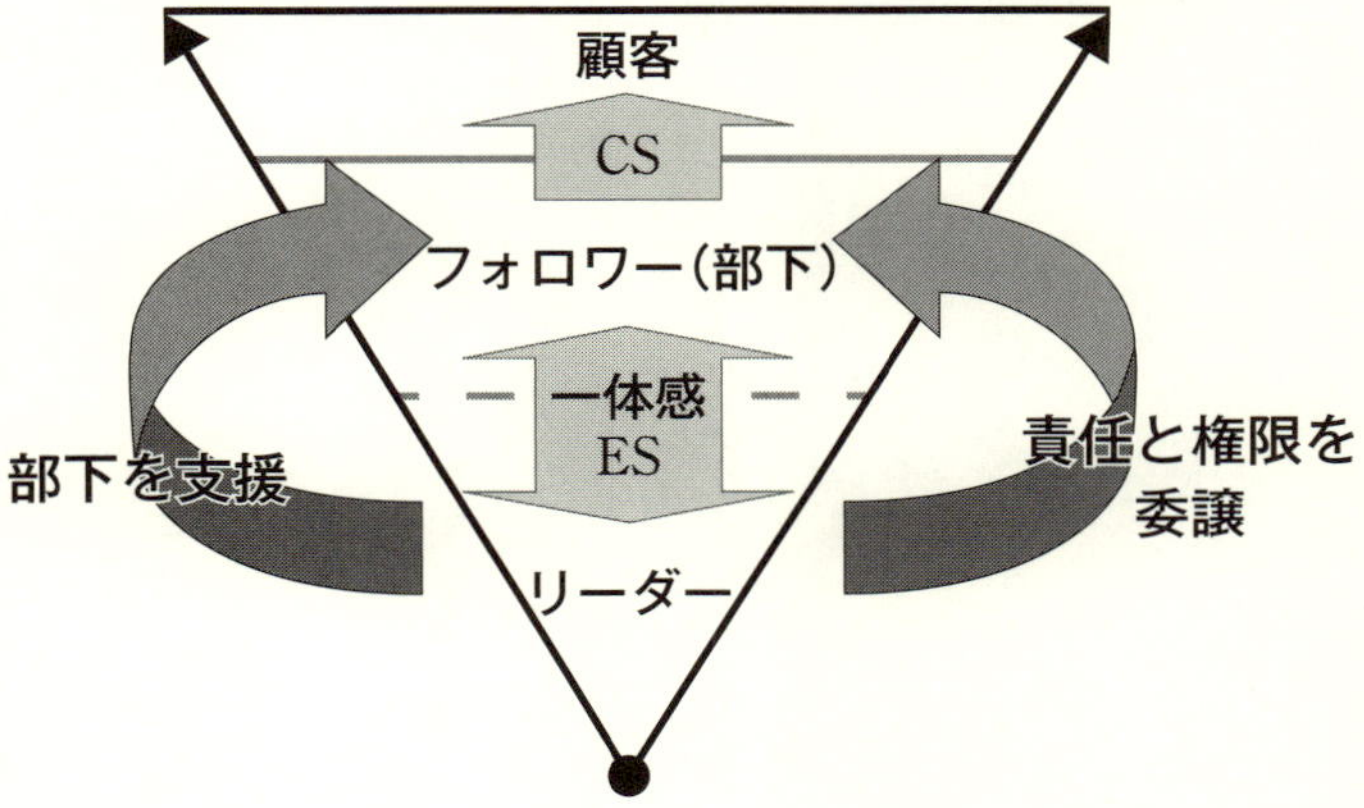

火種」となって家臣や農民とともに藩の立て直しに邁進した。いわゆる経営改革の断行である。

「どんなに冷え切った職場にも、必ずまだ消えていない火種がある。これをうつしあうことによって、灰のような職場も活性化する。そして火種はあなた自身だ」と説いたのだ（童門、1992）。

ただ、その陰にはリーダーとして藩士や農民を大切にする彼の次のような人間観があった。「君主（城主）のために臣（家臣）や民（農民）があるのではない。臣や民のために君主がいる」

この意味は、家臣や農民が城主のために何をしてくれるかではなく、城主が家臣や農民の幸せや成長のために何をしてあげることができるかを考えることが大事だといっている。

サーバント・リーダーとして現代の企業に当てはめていえば、「リーダーのために部下や市民・お客があるのではない。部下や同僚そして仲間たちのためにリーダーである自分自身が何を支援し、従業員満足や顧客満足実現に向けて行動するか」ということだ。

このような藩政改革を知ったケネディ大統領が、最も尊敬する日本人として鷹山のことを評価していたほどだ。

また、土佐が輩出した幕末の偉人、坂本龍馬もその一人だ。彼は、渋沢と同時期に尊王攘夷を掲げ、「船中八策」を提起して維新の改革を進めた一人だが、以下のような興味深い言葉を述べている。

「仕事というものは全部をやってはいけない。8分まででいい。……あとの2分は人にやらせて完成の功を譲ってしまう。それでなければ大事業というものはできない」（司馬、1966）。まさにサーバント・リーダーとして部下を育てる極意であり、大事業をなす秘訣でもある。

（3）ECSRを善循環で拡大させるサーバント・リーダー

このようにサーバント・リーダーシップを実践する組織をあげれば、枚挙にいとまがない。企業であれば、従業員の成長を支援する会社は逆境の時代であっても元気だ。企業は、常に従業員の声に耳を傾け、働きやすい環境をつくるようにして従業員のやる気を高める努力が必要だ。些細なことでもよい、その配慮を示すのがリーダーの役割である。

筆者は、いつも「ESなくしてCSなし」といっている。現場の従業員に誇りと喜びのない組織が顧客満足を達成することはありえない。顧客満足の活動は誰が実践するのかといえば、ほかならぬ従業員だからである。顧客満足を目指す会社は、まずは従業員満足を目指すべきだ。

そのような企業は、メンバーがやりがいを持って働き、組織の求心力が高まるのである。その結果、従業員満足（ＥＳ）を生み出し、さらにはお客さまの喜びを目指す顧客満足（ＣＳ）につながり、これらが善循環の活動となって持続可能な発展に結びついていく。ＥＳとＣＳを一体化させるサーバント・リーダーの活動実践型が支持される所以がここにある。

「守りのガバナンス」と、「攻めのＥＣＳＲ」をもとに、成長したいと「志す」仲間たちと会社組織、さらには成長を支援するサーバント・リーダーが一体になれば「ＥＣＳＲによる三方よしの経営」が実践されることとなる。

論語と算盤の経営を実践する会社は、脚下照顧だ。まずは足元から固めることがスタートとなることを忘れてはならない。

Ⅰ 渋沢栄一の生き方に学ぶ

【第1章】人間「渋沢栄一」の素顔とこころざし

1．91年の生涯

渋沢は、1840（天保11）年、経営手腕、村のまとめ役等に長けた才能を発揮した厳格な父親と、慈悲深い母親の長男として、武蔵国榛沢郡血洗島村（現在の埼玉県深谷市血洗島）に生まれた。

血洗島村は、米が主たる税であった江戸時代の比較的早い時期から金銭で納めるシステムが取られていた。農村地域に属するものの、純粋に農作だけで生活が成り立つようなところではなく、商工業活動などに従事しないと生活が成り立たなかったので、貨幣経済が早くから浸透している地域であった。

渋沢栄一（1840 ～ 1931）
出所：渋沢史料館

この地域での商業活動の一つとして、藍の葉を加工し、藍玉という染料を信州（現在の長野県）や上州（現在の群馬県）などへ売りに行く商売があげられる。この商売は換金性が高く、軌道にのせた家は富裕層へと成長した。

渋沢の生まれ育った家も父親の代に本格的に藍玉の商売を始めるようになり、村で一、二を競う富農へと成長したのである。渋沢はその家業を手伝う中で、経済・経営のノウハウを身につけていった。

一方で渋沢は、漢学者である従兄・尾高惇忠《じゅんちゅう》から本格的に読書を授けられた。尾高の読書法は、大まかな意味だけを伝え、次々と先へ進め、また、興味・関心のある書物をできるだけ読ませるなどして、とにかく数多くの書物を読ませようとするものであった（関連記述：第２章（渋沢栄一の学問的基礎））。学問好きの渋沢は、数多くの書物に触れ、また、江戸に遊学などして思想家たちとの交流を重ねていくうちに、幕末の世に蔓延していた攘夷の思想に傾いていく。また、攘夷の考えだけでなく、士農工商に代表される官尊民卑の弊習を打ち破らなければ、より良い世の中にならないと幕政への批判も募らせていった。

その思いを晴らすために、同士を募り、１８６３（文久３）年、高崎城を乗っ取り、横浜の外国人居留地を焼き討ちしようという計画を立てたのであった。

ただ、渋沢は、その時得た情報により、それまでの攘夷決行によって国が攘夷の意を表すように変化しているとは思えないし、「無駄に命を落とすのでは？」という疑問を発し、体制内に残り、長く生きながらえて、世の中を変化させていこうと皆を説得し、その暴挙を中止にしたのであった。

体制内での変革を目指すこととし、攘夷決行を中止した渋沢は、一橋家の用人・平岡円四郎の勧めで一橋家の家臣となった。

渋沢が最初に命ぜられたのは、一橋家の領地内にて農兵を募集することであった。与えられた任務を無事遂行できたが、同時に、得られた情報をもとに、たとえば、木綿の売買法や年貢米の売捌き方法、そして、硝石製造を地域の産業として位置づかせる仕法などを進言し、一橋家の経済活性化政策を打ち立てた。その能力の高さが非常に注目されるようになり、一気に名を上げていったのである。

当主の慶喜が15代将軍に就任するのに際して幕臣となり、幕臣時代のほとんどを欧州で過ごす。元来、攘夷を唱えていた者の渡欧は考えられないところだが、体制の中に残り、世の中を変えたいと思った渋沢は、すでに思想の転換がはかられ、より積極的に西洋文明に接しようとしていたのであった。

ちょうどそのような時、1867（慶応3）年のパリ万国博覧会に派遣される幕府使節団に庶務・経理係として参加する機会を得、欧州という「新世界」と出会うことになったのである。渋沢は、公式行事に随行すると同時に、地元の銀行家の指導を受け、さまざまな施設を視察している。渋沢はその施設・設備だけでなく、運営・維持の方法も注視し、「合本法」による会社経営組織に強い関心を示している。

使節団の経理係として、渋沢はフランス国債、鉄道債を購入し、資産を増やしている。もちろん増やすことも意識していたが、実際に運用を体験することで、欧州での仕組みを学ぼうとしたとも思われる。

また、渋沢は、ベルギー国王が、これから鉄を必要とするだろう日本に自国の鉄を売り込む姿に驚いた。国を富ませることを政治家・国王であってもきちんと考えている官民一体となった世の中を日本でも目指したいと考えたのである。

渋沢は、帰国して数ヵ月後には、静岡にて、銀行と商社を兼ね合せた「商法会所」を立ち上げ、「合本組織」を具現化させた。これは、実践を通して理解してきたものだからこそ、素早く形にできたと思われる。

官尊民卑の打破を標榜する渋沢であったが、明治政府より出仕の命令が下り、１８６９（明治２）年11月に民部省租税正として出仕し、１８７３（明治６）年まで民部省、大蔵省に籍を置いた。本人は、役人になるつもりは全くなかったが、新しい国づくりに参画できるというところには非常に意義を感じ、挑んでいったのである。

一説によると、渋沢は、自らが政府に残る条件として「改正掛《かいせいがかり》」の設置を承諾させたともいわれている。改正掛とは、新しい国づくりのために集った精鋭たちとともに、何をするのかを決め、それについて調査研究し、政策立案するために組織された、近代化を実現するため、省庁を横断的な形で設けられた今でいうシンクタンクのような部局であった。渋沢はその掛長に就任している。

たとえば、貨幣制度の整備、国立銀行条例制定への導き、近代的郵便制度の確立、暦の太陽暦への変更、鉄道の敷設、章勲制度の整備、貿易関税の整備、株式会社の普及そして大蔵省等の組織整備等々、改正掛が存続した2年足らずの凝縮された時間の中で、非常に精力的に、近代国家形成の基盤となる２００件もの案件を網羅的に着手していったのである。

その後、国家予算のあり方について大久保利通などと考えが対立し、上司の井上馨とともに大蔵省を辞めることになった。それ以降は、自分が本旨とした民間の立場で世の中を支えていきたい、貢献したいという気持ちでの活動が始まるが、そこにはそれまでに得られた知識、経験、人脈が大いに生かされていったのである。

渋沢は、幕末の渡欧体験を経て強く感じた日本全体の商工の振興をはかるために欧州で学んだ合本法に則った経営による会社の普及につとめていく。

それは、民間・実業界に身を投じて以降、大きな展開を見せる。最初に手がけたのは、日本初の近代的な銀行・第一国立銀行（現在の㈱みずほ銀行）であった。「国立」とあるが、れっきとした私立の株式会社である。渋沢は、まず経済・金融の基盤を作り、その後、あらゆる分野の企業を、合本法に則った経営による会社として普及させていかなければいけないと奔走したのであった。

渋沢は、金融関係から製造業、陸運、海運、そしてサービス業にいたるまで、あらゆる分野の会社の設立・育成に関わり、同時に、経営者・技術者の育成にもあたり、古希を迎えた１９０９（明治42）年に、ほとんどの企業を一斉にリタイアし、後進に受け継いだのであるが、生涯関係した企業の数は、約５００といわれている（関連記述：第10章（もっともっと東京を明るくしたい／東京ガス）、第11章（算盤勘定だけではない企業経営／ＩＨＩ）など）。

実業界での活動の中で、渋沢がとった姿勢の一つは、独占を嫌うということ、財閥を築かなかったということである。会社が設立され、経営が順調に進むのを見定めると、多くの場合、自分の持ち株を売却し、その資金を次の新しい企業の支援に充てた。会社によって自らの富の蓄積を目指すというのではなく、日本の近代化・産業化の推進に徹していたのである。

実業界を引退した渋沢は、社会公共事業等の方面で、より一層奔走することになる。

一つは民間外交である。特に米国で日本移民の排斥運動が起こり、日米関係が悪化するなか、民間の立場から問題解決に取り組んだ。

1909（明治42）年、渋沢は、東京、横浜、京都、名古屋、大阪、神戸の商業会議所会頭はじめ51名からなる渡米実業団の団長として渡米し、3ヵ月かけて約60都市を回って地元の実業家、また大統領などと謁見し、関係改善にと尽力した（関連記述：第9章（実業が国の本《もと》／東京商工会議所））。また、日米民間交流の日本側の中心を担ったりもしている。

そのほかにも、欧州やアジアの人たちとの交流も盛んに行い、東京・飛鳥山の自邸を民間外交の拠点として多くの賓客を招いている。渋沢が民間外交で意識したのは、関係改善を図るためだけではなく、日本という国を国際社会の中にしっかり位置づけたいということでもあった。

福祉についても、日本における医療、福祉の原点として位置づけられる東京養育院に関与し、亡くなるまで院長として職責を全うさせたのであった。今でいう養護老人ホームをはじめ児童養護施設や児童自立支援施設、虚弱児童等の転地療養施設など事業を拡大させた。また、そこを支えるための看護師や保育士を養成する機能を持たせている。この養育院を中心に、数多くの福祉・医療に関する施設・機関に支援、協力をしている。

教育面では、特に当時、高等教育とは無縁なものとして片隅に追いやられていた商業教育と女子教育の重要性に着目し、商業実務や女子を対象とした民間の教育事業発展のために尽力した。現在、一橋大学、東京女学館、日本女子大学等が立派に受け継がれている（関連記述：第

４章（渋沢栄一の教育イノベーション））。

渋沢が生涯関係した社会事業の数は、民間外交も入れると企業数を上回って６００にもなる（関連記述：第６章（渋沢栄一と社会貢献活動）ほか）。このように、非常に多岐にわたり多くの事績を残した渋沢は、１９３１（昭和６）年11月11日、満91歳で惜しまれながらこの世を去った。

2. 渋沢栄一の人物像

渋沢には、多くの事業を形にするにあたって迷い・悩んだり、耐えたりするような姿も垣間見える。多くの事績を残した要因と思われる渋沢の人柄、さまざまな評価を得ていた人物像、人間力といったところを

東京養育院（大塚本院）

出所：渋沢史料館

探ってみたい。

17歳の時、代官の陣屋に、父の名代として出向いた際に、御用金500両を申しつけられたことがあった。理不尽な要求に対して反発した渋沢は、本来であれば了承を即答すべきところ、最後まで首を縦に振らなかったのである。

渋沢のこうした不条理に対する反発心は、士農工商という階級制度や、彼が攘夷思想を抱くうえで大きな影響をおよぼすことになったアヘン戦争をめぐるイギリスの要求の理不尽さへの怒りにもつながるものであった。同時にそれは、近代化を目指すには不可欠ともいえる合理主義的思考の持ち主だったことを示すものであった。

渋沢は、幕府の政治自体を批判して、何とか改正しなければいけないと言っていた立場から、自身が幕臣になることに葛藤があったが、体制の中に残り、より良い社会を目指し、結局、幕臣となり、しかも攘夷を主張していたにもかかわらず、幕臣時代のほとんどを欧州で過ごした。

そして、渡欧した際には、率先してまげを切った。より多くのことを身につけるためには、郷に入れば郷に従うべきと考えたようである。

パリでは、整備された近代的な施設・設備を視察しているが、そこには、これからの日本にとって必要なものという視点があった（関連記述：第13章（『航西日記』から学ぶアデランス）

ほか）。旺盛な好奇心、鋭い洞察力、柔軟な思考、広い視野（総合的判断）の持ち主であったことがうかがえる。

新たに立ち上げた会社の経営を軌道に乗せるのは決して容易なことではなかった。たとえば、第一国立銀行の場合は、発足後1年足らずで経営の核となる出資者・小野組と島田組が破綻し、経営危機を迎え、抄紙会社（現在の王子ホールディングス㈱）の場合は、いくら努力しても商品として売れるような紙ができず、大阪紡績（現在の東洋紡㈱）の場合では、資金確保の問題から、綿糸の均質の商品となる製造面でそれぞれ渋沢は苦境に立たされた。

それぞれが軌道に乗るまでの間の出資者への説明には、さすがの渋沢も進退きわまったといわれるほどであったが、その間、渋沢は平身低頭、粘り強く、誠実さをもって出資者への説明に奔走した。

さらには、新しく会社を興そうとする人たちに対して、銀行からの融資の受け方や財務諸表の作り方などを指導したり、発起人として名を連ね、開業のための資金の一部を自ら投資したりして支援した。このような誠意ある、ねばり強い努力の結果、株主たちは、渋沢の誠実さと信念を信じ、長期の無配に耐え、損失補填のための増資にも応じたのであった。この苦労の積み重ねによって、会社は信用を得、普及・定着していったのである。

「東京商法講習所」を、やがて東京高等商業学校、東京商科大学（現在の一橋大学）へと導く過程にあって、文部省は東京帝国大学法科大学内に経済科を新設することを理由に高等商業学校の専攻部廃止を決断した。渋沢はこの事態の収拾に奔走した結果、専攻部廃止は6ヵ年延長され、1912（明治45）年3月に至り、廃止令は撤回されている。

また、渋沢は、国の繁栄は、同時に貧民を増やすことでもあるのだ、という念を年々深くし、その問題を解消させるためにも養育院を世の中になんとか根づかせようと努力した。

ところが、1881（明治14）年、東京府が支出する養育院の経費は全国総救育費の半分以上を占めていたことを問題として、東京府会や一部マスコミが養育院廃止

東京高等商業学校

出所：渋沢史料館

論を唱え始めたのである。そして、東京府会は1884（明治17）年に養育院への府費の打ち切りを決定したが、これに抵抗したのが渋沢であった。1885（明治18）年、東京府知事の芳川顕正に「将来を推考すれば、到底これは廃棄すべきものではない」という内容の建議書を提出している。この渋沢の熱意、リーダーシップのおかげで、養育院はなんとか廃止を免れ、その後5年ほどの間、民間の委任経営とし、事業を継続させた。

渋沢は、すべての事業を成功に導いた偉大なる人物として目に映ることが多い。だが、実態は、さまざまな苦悩・苦闘・葛藤にさいなまれつつも、幼き頃より築かれた人格・人間力によって、克服した部分が多々あったのである。

幅広い情報収集から確固たる長期的展望を持つ指針を導き出し、的確で強力な情報発信ができる人であり、近代化を目指すには不可欠ともいえる合理主義的思考、未来志向の人であった。

そして、忍耐力、粘り強さの持ち主でもあった。新たな事業を起こす際もなかなか順調に進むことはなかったが、試行錯誤を繰り返しつつ、自らが奔走し、何度も苦難の道を切り開いた。また、そこから、さらなる厚い信用を得、幅広い人的ネットワークの構築につながり、良き判断を下せる状況が整い、新たな場面でリーダーシップを発揮していくことになった。

3. 渋沢栄一の歴史観・世界観

前近代から近代への移行期に生きた渋沢は絶えず未来を志向する人物であったが、その時代・時代をどのようにとらえていたのか、近代化を推進した渋沢が、描き、求めた社会・世界とはどのようなものだったのだろうか。

「日本資本主義の父」と称せられる渋沢は、企業間競争に一定の秩序を求め、通常の資本主義観とは異なる合本主義を貫こうとしたのである。

また、道徳と経済の一致をみなければ持続的な成長はないと考え、未来志向者らしく、その実現のために事業の持続・永続が必要と未来像を描くのであった。

渋沢の行動から見出せる信念ともいうべきものは、政治主導の中で、経済の有為性に目を向け、官尊民卑の打破を標榜し、また、公益を優先し、官の補完ではない民間先導の活動によってこそ日本の発展があり国際社会への貢献があるのだというものであった。さらにいえば、官と民が一体となった新しい公益の実現を目指す行動を求めていたように思う。

そして、世の繁栄とは、中央のみならず、地方・地域の振興もあってのものと考えていた。各地域は、各地域においてその土地に見合う最適の施策を見出すことの必要性、さらには、その施策遂行のための人材育成を考えるべきとし、自治意識の育成・維持を主張した。
渋沢は、西ヶ原一里塚二本榎保存活動や『徳川慶喜公伝』をはじめとする伝記および歴史編纂に着手するなど、新しい文化を発展させていくためには、伝統的な日本文化を守ることも必要と思っていた。

さらに渋沢は、平和な国際社会を強く希求した。

１９１２（明治45）年に行った演説で、戦争が一国の経済を助けるという考え方を否定し、戦争が富を増すと考えることは、その人間の経済的真理に対する無知をさらけ出すとして、経済的利益に着目しつつ、世界が生き延び、豊かになるためには国際協力がいかに重要であるかを力説している。

渋沢は、戦争を避ける唯一の方法は、社会の道徳的水準を引き上げることと考えていた。人間性と正義の原則は国際関係において有効であるばかりでなく、商工業の利益とも合致するものとしたのであった。

【第2章】 渋沢栄一の学問的基礎

1．功名を求める生き方とその対極にあるもの 馬《ば》少《しょう》游《ゆう》の故事

江戸時代、学問といえば漢学を指した。渋沢もまた幼少の頃からその世界に親しむことになった。5～6歳の頃、まず父親の市郎右衛門から手ほどきを受け、7～8歳の頃からは10歳年上の従兄尾高惇忠についてこれを学んだ。14～15歳の頃までは毎日通って午前中の2時間ほどを費やしたという。

渋沢が当時学んだものとして挙げているのは、次のようなものである。

『小学』、『蒙求《もうぎゅう》』、四書（『論語』『大学』『中庸』『孟

渋沢栄一の生地（埼玉県深谷市）
筆者撮影（2015年3月13日）

子』）、五経（『易経』『書経』『詩経』『礼経』『春秋』）、『文選《もんぜん》』、『春秋左氏伝』、『史記』、『漢書』、『十八史略』、『元明史略』、また『国史略』、『日本史』、『日本外史』、『日本政記』。

いずれも現代の我々には縁遠い書物であり、渋沢という人間の根底を成しているのはこうした漢学的素養である。漢学という学問が目指すところは、自らいかに生きるべきかという道徳の学であるとともに、天下国家をどうするかという政治の学でもあり、両者が渾然一体となっているところに一大特長がある。渋沢の生涯を通じての経世済民的な生き方もまたここに起因すると思われる。

渋沢は生涯にわたって３００篇近い自作の漢詩を残しているが、これも豊かな漢学的素養があって初めて可能なものである。古来詩は志を述べるものだといわれるように、幕末動乱の時代に過激な攘夷主義者として歴史の表舞台に登場した渋沢は、志士としての魂を変わらずに持ち続け、折にふれ自らの感懐を詩に託している。渋沢という人間を理解するうえで、忘れてはならない点であろう。

渋沢は、１８６４（元治元）年2月、2歳年上の従兄渋沢喜作とともに、京都において一橋家に仕官する。身分は奥口番《おくくちばん》、役目は御用談所下役出役《ごようだんしょしたやくしゅつやく》、俸禄は4石2人扶持、他に月の手当として金4両1分が支給された。現代風にいえば見習い社員からの出発である。

渋沢は、家業の藍玉販売でつちかった能力を発揮し、一橋家の財政改革のために数々の提言を行い、これを実現して、目覚ましい成果を上げる。

まず、一橋家の領地から上がる年貢米に注目した。播州（現在の兵庫県地方）は上質の米が取れるところであるが、その販売についてはこれまで兵庫の商人に任せきりであったのを改め、灘や西宮周辺の酒造家に直接販売するやり方に変えた。すなわち中間マージンを排除して利潤の拡大に努めたのである。これによって渋沢が上げた利益は1万両を超えた。

次に注目したのは、同じく播州で生産される木綿についてであった。これを大阪の市場で販売するわけであるが、渋沢は新たに藩札を発行することを提言した。藩札をもって現地で木綿を買い上げ、大阪で販売し、現金化する。藩札を換金するまでに1ヵ月の猶予期間を設けてあるので、この間を利用してこの現金を資産としてその運用を図る。こうした仕組みを開発したのである。この他にも、関東また関西における一橋家領地を巡回しての農兵の募集にも成功している。

こうして数々の改革を提言・実行して渋沢は、次々と地位を上げ、1865（慶応元）年8月には勘定組頭に進んだ。一橋家の財政のトップは定員2名の勘定奉行であったが、これは多分にお飾り的なものに過ぎず、実質的に一橋家の財政を取り仕切るのは勘定奉行の下にいる定員3名の勘定組頭であり、渋沢はわずか1年半ほどで、その一人にまでなったのである。俸禄は25石7人扶持、月の手当は21両。異例のスピード出世である。

こうした中、渋沢は一篇の漢詩を詠んでいる。

失題（しつだい）

西走東馳不暫休　危機蹉跌遂難収　経営却作自家計　又愧当年馬少游

西《にし》に走《はし》り東《ひがし》に馳《は》せ暫《しばら》くも休《やす》まず／危機蹉跌《きさてつ》遂《つい》に収《おさ》め難《がた》し／経営却《けいえいかえ》って自家《じか》の計《けい》を作《な》す／又《また》愧《は》ず当年《とうねん》の馬《ば》少游《しょうゆう》

馬少游は、後漢（25～220年）の将軍馬援《ばえん》の従兄弟で、功名に淡白な賢人とされる。馬援は、後漢の建武年中、伏波《ふくは》将軍となり、交趾《こうち》を征し、これを平らげた。のち、海路はるかに安南《あんなん》地方を征し、同地で陣没した（交趾も安南も現在のベトナム地方）。

馬援は、功名出世を求めて奮闘するが、馬少游は、そうした馬援に対して、功名出世などを求めず、故郷で家と先祖の墓を守り、周りの人々から尊敬されて生涯を終えるような生き方もあるぞと、馬援に忠告する。

一橋家に仕官し、やがて同家の財政改革に敏腕を揮い、しだいに枢要な地位に押し上げられていく渋沢であるが、この時作った漢詩の中で、馬少游の故事を引いて自らを戒めているのである。一橋家のため、ひいては天下国家のためと奮闘することで、結果的には自分の地位や富が向上していくわけであるが、見方によっては自分の地位や富を向上させるためにこそがんばったと言えなくもないのである。そうなったら本末転倒で、これは危ないぞ、気を引き締めなくてはいかんぞと、ブレーキをかけるのである。

得意の時こそ、思いもかけない落とし穴が待ち構えているものである。我が身を省みる冷静さが必要なのである。渋沢にそれを可能にさせたのは、まぎれもなく漢学という学問の蓄積である。

2. 協同の真理を打ち立てるという理想　第一国立銀行存立の危機

１８７３（明治6）年5月、大蔵少輔《おおくらしょう》の地位にあった渋沢は、予算編成をめぐる各省との軋轢が原因で、同省を退官する。折から、わが国初の民間銀行として第一国立銀行の開設が準備されていて、渋沢はこれを指導する立場にあった。そもそも国立銀行条例を起草したのは渋沢であり、バンクを銀行と訳したのも渋沢である。言わば当時における銀行の最高権威であった。渋沢は請われて頭取の上に立ってこれを指導する総監役に就任する。

同年8月開業、順風満帆に船出したかに見えた第一国立銀行であるが、翌年11月、一方の大株主である小野組の破たんという思わぬ危機に直面する。渋沢は同行の最高責任者として小野組資産の押収に奔走する。政府からの支援もあり、何とかこの危機を乗り切った渋沢の前に、もう一方の大株主である三井組の大番頭三野村利左衛門が立ちはだかる。

三井組による同行の単独経営をもくろんだのである。三井組では、この第一国立銀行設立以前から、同組の単独経営による金融機関の創設を企図していたのであるが、当時大蔵省において指導的な立場にあった渋沢やその上司の井上馨らがこれを抑えてきたという経緯がある。井上も渋沢も、本格的な国立銀行の創設を目指していて、それには日本の代表的な商社が集って参加するという形を取りたかったのである。

ここを好機と見込んで三野村は、経営権を譲渡するようにと渋沢に申し入れた。資本金２４４万２００円のうち三井組が１００万円、渋沢はわずかに４万円を占めるに過ぎなかったが、渋沢は頑強にこれに抵抗した。渋沢は、銀行業の本来あるべき姿を主張し、この第一国立銀行は一《いち》三井組が私《わたくし》してよいようなものではなく、国家国民のためにこそあるのだと三野村に力説した。

第一国立銀行本店

出所：渋沢史料館

当時、大蔵省紙幣頭《しへいのかみ》として銀行を監督する立場にあった得能良介《とくのうりょうすけ》にも渋沢は支援を仰いだ。渋沢は自ら建白書を書いて得能に提出する。

銀行業は私利を追求する反面、公共の利益に供することの大きいことをまず説き、現今の富商といわれる連中も宏壮な建物を空にそびやかしているが、実力がともなわず、軽薄で、言うことと行うことが違い、約束を守ることの大切さを知らない。三井組の事業と銀行の事業とがきちんと区別されて行われるか心配である。「相狎《な》れず相争わずして漸《ぜん》をもってついに協同の真理を得るに至らしめんことを期し」と述べている。

かつて幕臣としてパリ万博親善使節の一員として欧州に渡った渋沢であるが、そこで学んだものがここで生かされているのである。

パリに着いて間もなく、渋沢はある場面を目撃して大きな衝撃を受ける。パリにおける幕府の代理人で名誉総領事とでもいうべき立場にあった銀行家のフリュリ・エラールと、親善使節代表の徳川昭武（将軍慶喜の弟で当時14歳）のためにフランス皇帝ナポレオン3世が付けてくれた教育係のビレット大佐と、この両者が対等に話し合っている場面を目撃する。しかも銀行家の方が尊敬されているように見えたのである。

士農工商の身分制度があった当時の日本でいえば、軍人であるビレット大佐は侍、一方銀行家のフリュリ・エラールは商人である。日本では侍と商人が対等に話し合うことなど考えられないことであった。家柄や身分によって人が差別されることのない世の中。こういう世の中にしたいと渋沢は強く思った。それを実現するためには民業の振興を通じて、民間の地位を向上させていくしかない。

経済活動を通じてより多くの人々の幸福と安寧に寄与するという渋沢の生涯を通じての考え方や生き方、渋沢の原点ともいうべきものが生まれた瞬間である。

生涯を通じて渋沢は「合本《がっぽん》」ということをよく語っているが、これは多くの人々が力を合わせるという意味で、現代風にいえば株式会社のすすめである。より多くの人々が参加でき、より多くの人々で利益を分かち合うためには、株式会社という仕組みが一番いいのだと考えたのである。渋沢のいう「協同の真理」を打ち立てるという理想の実現でもある。

１８７５（明治８）年８月、第一国立銀行の臨時株主総会が開かれ、渋沢は改めて頭取に選任される。以後渋沢は、この銀行を拠点に、数々の企業を立ち上げ、まさに獅子奮迅の活躍ぶりを示すのである。

3. 我が成す事の少なきを愧《は》ず　90歳の感懐

１９２２（大正11）年11月25日、東京会館において開催された「東湖先生記念講演会及び遺墨展覧会」の開会式に臨み、同会会長としてあいさつに立った渋沢は、若い頃に愛読した藤田東湖の『回天詩史』を、「私は今日もなおこれを暗誦することができます」と言って、朗々と暗誦し出した。並み居る聴衆は最初これに驚いたが、渋沢の暗誦が続く中、やがて水を打ったように会場は静まりかえった。

三たび死を決して而《しか》も死せず／二十五回刀水《とうすい》を渡る／五たび間地《かんち》を乞《こ》うて間《かん》を得ず／三十九年《ねん》七処《しょ》に徙《うつ》る／邦家《ほうか》の隆替《りゅうたい》偶然に非《あら》ず／人生の得失《とくしつ》豈《あに》徒爾《とじ》ならんや・・・・・

しわがれているが、ややかん高い、渋沢の声が会場内に響きわたった。83歳の高齢にしてこの熱誠である。誰一人として感動しない者はいなかったであろう。渋沢の中で若き日の学問が脈々として生きている証拠でもある。

若き日の渋沢が愛読したのは、この『回天詩史』をはじめ、同じく東湖の著作である『正気《せいき》之歌《のうた》』『常陸帯《ひたちおび》』、頼山陽の『日本外史』、浅見絅斎《あさみけいさい》の『靖献遺言《せいけんいげん》』等々、いずれも当時の志士たちのバイブルと目される書物であった。

こうした著作も含めて漢学という学問の目指すところは、人間として正しい生き方はどうあるべきかという問題であり、こうした設問自体が現代の我々にはなじみが薄く、そこに渋沢と我々の間に大きな違いがあるとも考えられる。渋沢の学問的基礎ということで一番考えてみたい問題である。

渋沢の言葉に「人間というものは死ぬまで働かなければならぬものだ、息あるうちは世の中のために勉励すべきはずのものだ」というのがあるが、この言葉のとおりに、死ぬまで働き続け、努力し続けたのが渋沢である。

次に掲げるのは、1929（昭和4）年正月、渋沢90歳の折の感懐である。

己巳元旦書感（つちのとみがんたんかんをしょす）

義利何時能両全　毎逢佳節思悠然　回頭愧我少成事　流水開花九十年

義《ぎ》と利《り》と何《いず》れの時《とき》か両《ふた》つながら全《まっと》うせん／佳節《かせつ》に逢《あ》う毎《ごと》に思《おも》い悠然《ゆうぜん》たり／頭《こうべ》を回《めぐ》らせば我《わ》が成《な》す事《こと》の少《すく》なきを愧《は》ず／流水開花《りゅうすいかいか》九十年《きゅうじゅうねん》

義は、人間として正しい生き方。利は、経済活動によって利益を上げること。

ここには、90歳という高齢になってもまだ反省している渋沢がいる。こういう渋沢を前にすると、60歳、70歳はまだまだ鼻たれ小僧と言うほかない。人類の歴史上未知の超高齢化社会に突き進もうとしているわが国であるが、渋沢の人生はこうした面でも大きな示唆を与えるものとなろう。

憲政の神様といわれた尾崎行雄は渋沢をよく知る一人であるが、渋沢のことを、日本で一番仕事をした人であり、渋沢の半分ほどもした人はいない、と言っている。

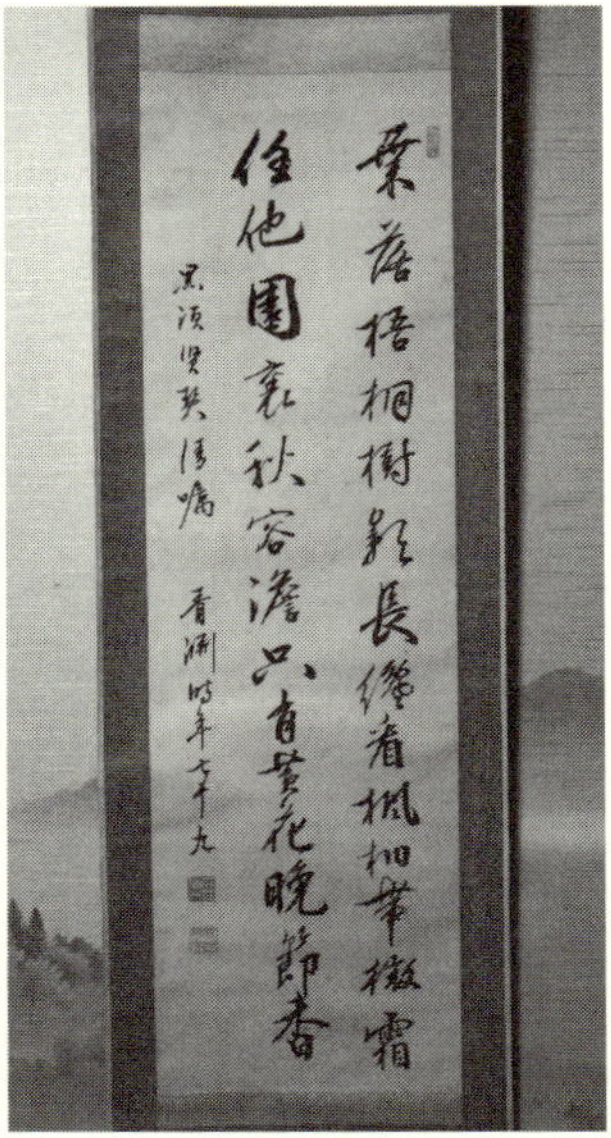

渋沢栄一の書（筆者蔵）

Ⅰ　渋沢栄一の生き方に学ぶ

【第３章】　渋沢栄一と職業倫理

１．職業倫理とは何か

本章では、職業倫理の観点から、「論語と算盤」の意義を考察する。そこで、基本的視点となる「職業倫理」の定義から考えてみたい。まず、職業とは何であろうか。職業の意味を問われた場合、その答えは人によって相違するだろう「日々の生計を立てるために行う活動」と答える人もいれば「自己実現の手段」と答える人もいるかもしれない。実際に職業に関してはさまざまな定義があり、働き方や働く目的の多様化によって、その適切な定義は一様ではない。ただし、多くの職業に関する定義を俯瞰した場合、「何らかの報酬を得ることを目指した人間活動」であるという点は、さまざまな定義において受け入れられている職業の意味のようである。ゆえに、ここでは「何らかの報酬を得ることを目指した人間活動」を職業の定義とする。では、「職業倫理」とは何なのであろうか、次にこの点について考えてみる。

職業とは、本質的に他者がいて、はじめて成立する社会的な活動である。「自分へのご褒美」ということもあろうが、基本的に職業が目的とする「何らかの報酬」は他者から与えられるものである。また、原則的に私たちは報酬を得るために、他者に何らかの効用をもたらす（すなわち、他人が「嬉しい」と感じる）モノやサービスを提供しなければならない。

たとえば、医師であれば医療行為という人が健康を維持するうえで重要なサービスを提供することで診療の報酬を得る、八百屋さんであれば野菜・果物という日常生活で必需なモノを提供することで代金という報酬を得る。このような「人と人とのギブ・アンド・テイク」によって職業は成立する。つまり、職業とは人と人との関わりの中で成立するきわめて社会的な活動なのだ。

だから職業は、自らの存在基盤である他者や社会を破壊するような活動ではないことが必然的に求められる。他者や社会を害する（簡単にいえば、「反社会的」）職業の存在は、無数に存在する職業の（もっといえば、あらゆる人間活動の）存在基盤を危うくする大きなリスクであり、避けるべき危険事象なのである。ゆえに、たとえ「人と人とのギブ・アンド・テイク」が成立していても、それが「反社会的」とみなされた場合、その職業は世の古今東西を問わず社会によって淘汰・排除される場合が多い。

たとえば、違法薬物の取引には、違法な薬品の提供と代金という報酬の獲得という「人と人とのギブ・アンド・テイク」が成立している。しかし、これは職業とは認められず犯罪行為として社会的な処罰対象となる。まとめれば、職業が成立するためには、それが人や社会を害さない活動として存在することが不可欠なのである。

しかし、職業のすべてが自然と人や社会を害さないように配慮した活動として成立するわけではない。職業がそのような活動として成立するためには、職業を通じて提供されるモノやサービス、そして職業の名のもとで行われるさまざまな活動が倫理的に見て問題がないかを常に検討しなければならない。また、実際に職業が他者や社会を害さない活動として成立するために、さまざまな規則の構築も求められよう。

実は、職業が他者や社会を害さないように配慮した活動として成立するために行われる一連の活動が職業倫理の本質なのである。まとめれば、職業倫理とは「何らかの報酬を得ることを目指した人間活動が、その存在基盤である人や社会を害さないように配慮した活動として成立するために必要な規範」と定義できよう。

2. 日本の商人道徳の系譜

渋沢が『論語と算盤』において説いた職業倫理は、商業に携わる人々（端的にいえば商人）

の職業倫理と位置づけることができる。では、彼が『論語と算盤』で述べた職業倫理は、以前のものとは何が異なり、どのような意義が存在したのだろうか。渋沢が活躍した明治よりも以前の日本の商業倫理の系譜をなぞらえながらこの点を考えてみよう。

日本において明確に階層化された職業集団が形成され、職業集団に応じた倫理的な規範が形成されたのは江戸時代以降といわれる。この時代、職業は士農工商に階層化され各集団において特有の倫理的規範が形成された（島田、１９９０）。

武士においては儒学を基礎とした、後に「武士道」と呼ばれる規範が形成され、農業従事者に対しては、勤勉と生産性向上を旨とした哲学が二宮尊徳によって説かれた。商業に関していえば、この時代戦国時代の争乱が治まり、統治組織である藩の興廃は軍事力よりも農業生産力や経済力に移行し、経済力を支える商業は社会的にますます重要な機能を帯びるようになった。これに伴い、鈴木正三（以下、正三）、石田梅岩（以下、梅岩）に代表される商業従事者のあるべき姿や、商業それ自体の倫理的正当性について説く思想家が登場した。

日本人の勤労哲学、職業倫理を確立させた正三は、江戸時代の初期に武士・農民・職人・商人それぞれの職業倫理を「日常用いるもの、毎日使うもの」という意味で「日用」と名付け、これを説いた。正三は、人が自分の職業に精励することがそのまま仏道の実現であると説き、職業という人間活動と社会に広範に受容された仏教における美徳との整合性を試みた。そして、商人の職業倫理を説いた「商人日用」の中で、「売買をせん人は、まず得利の増すべき心づかひを修行すべし」（意訳：商をする人は、まず利益を増やすために必要な心遣いを学びなさい）と商業の本質的な側面の一つである「営利行為」が、必ずしも美徳に反するものではないことを示した。

むしろ正しい営利行為についてはそれを推奨している。正三は、道理にかなった手法で得る営利行為を、仏教における「煩悩の雑じらない善」である「無漏善《むろぜん》」になぞらえ、その実践が仏教における「悟り」に至る道筋であると強調している。正三は、「売買の作業、則無漏善と為すべき願力を以て」（意訳：商売は無漏善となるように仏さまの誓願の力を持って行うべきとし、不正や不純な動機を排除し正直な心で営利を追求することが、商業従事者のあるべき職業倫理として重要であることを説いていた。

正三の後に登場した、梅岩と彼の門弟である石門学の諸学者も、この時代の商業従事者の職業倫理の形成に大きな影響をおよぼした。神道や仏教の影響も受けてはいるが、梅岩の学問は正三とは異なり、儒学（特に朱子学）を基礎として独自の職業倫理を形成した。梅岩は、「売利を得るは商人の道なり」（『都鄙問答《とひもんどう》』）（意訳：売買によって利益を得ることは商人の道理である）と述べ、営利行為は商人の踏むべき道であると主張した。また、梅岩は「商人の売利は士の禄に同じ」（『都鄙問答』）（意訳：商人にとっての売買の利益は、武士の俸給である〝禄〟

と同じである）と述べ、商人の利を武士の禄になぞらえて営利行為をさげすむ社会の風潮に対して、その正当性を主張した。

また、梅岩は「正直」を商業従事者の職業倫理の本質として捉え、その重要性を説いた。梅岩は、さまざまな状況における正直のあり方について説いているが、商業行為については、所有関係と契約関係との尊重がそれに該当することを説いている。

梅岩は、「我物は我物、人の物は人の物、貸したる物は受け取り、借りたる物は返し、毛すじほど私なく、ありべかかりにするは正直なり」（『倹約斉家論《けんやくせいかろん》』）（意訳：自分の所有物は自分のものであり、他人の所有物は他人のものである、したがって貸したものを受け取り、借りた物を返す、この点において全く私欲を入れずあるべきようにすることは正直である）と述べ、所有関係と契約関係との尊重が、商業従事者の職業倫理の本質的な徳目である正直にあたることを主張した。

また梅岩は、当時の経済活動において美徳とされていた「倹約」についても、正直にもとづいた倹約でなければ、かえって利己的な行為へとつながり社会にとって望ましくないとし、正直を本質に据えた職業倫理の視点から、さまざまな経済行為に対する独自の思想を展開した。

ただし、梅岩やその門弟による石門心学においては、儒教的人倫（たとえば、「仁」や「義」）と営利行為の正当性を一致させるまでにはおよばず（島田、１９９０）、結果として当時の日本における儒学的な「重義軽利」「貴農賤商」の思想を変革するには至らなかった。

これらの思想は、それまで処世訓や徳目の提示としての色彩が強かった商業従事者の職業倫理を、道徳原理の次元にまで昇華させた点において大きな役割を果たした。特に、商業の本質的側面である営利行為の正当性を、社会に広範に受容されていた仏教や、時の支配層である武士の価値観の基本にあった儒学の視座から主張を試みた点は大きな意義を持つ。しかしながら、彼らの活躍とは対照的に、「重義軽利」「貴農賤商」の思想は日本の社会、特に支配階級の武士の間に根強く残存した。

3. 渋沢栄一の説く職業倫理

時代は明治に入り、日本は近代資本主義への移行を早急に行う必要性に迫られていた。これにより、商業の発展はもはや国家的課題へと昇華していた。しかし、日本社会は依然として儒学的な「重義軽利」「貴農賤商」の思想が色濃く残存し、それは商業発展の一つの阻害要因として存在した。

当時の社会的状況について、渋沢は、以下のように述べている。「殊に官尊民卑の風が甚だしく、秀才は悉く官途に就くを以て終生の目的とし、書生連中も悉く官途を志し、（中略）四民平等の大御代となりながら、商工業者は依然として素町人と蔑まれ、官員さんなどには絶対に頭が上がらなかったのである」(『青淵回顧録・上巻』)

まとめれば、商業の発展という国家的課題と認識しながらも、明治期の日本はそれを行うに適した社会文化を有していなかったのである。渋沢はこの問題点に気づき、自ら多面的な事業の興隆に携わるとともに、商業の倫理的妥当性とあるべき姿を論じることで社会文化の変革に挑戦した。特に商業の本質的側面の一つである営利行為の倫理的妥当性を説明することは重要であった。渋沢は、単なる企業家ではなく「指導型」の企業家と評されるが、まさにそのとおりといえよう。

『論語と算盤』において、渋沢は、商業の本質である営利行為の倫理的妥当性を儒学的に説明し、それまで背反すると捉えられていた「道徳」と「経済」が相対・矛盾するものではなく、表裏一体であるとする「道徳経済合一説」を説いている。彼は、儒学(特に朱子学)における論語の解釈に対する批判を展開しながらこれを主張している(彼は、既存の朱子学の学問的貢献を認めながらも、営利に対する解釈については「甚だ納得できない」と述べている)。

たとえば、論語において営利行為を否定していると解釈されていた「富と貴きとは、これ人の欲するところなり。その道も以てせざれば、これを得とも処らざるなり」(意訳：人は誰しも裕福になりたいし、また身分も得たいが、正道をふんでそれを得るのでなければ、そうした境遇を享受すべきではない）については、富貴を得ること自体を否定しているのではなく、「道理にはずれた形でこれを得た場合」はそれ得るべきではないと主張しているだけであるとした再解釈を示した。これにより、営利行為それそのものが儒学において否定されていないことを説いた。（渋沢の論語の富貴論に対する解釈については、（島田、２０１４）を参照のこと。）

また、論語において営利を嫌悪しているとされていた一節「富にして求むべくんば、執鞭の士と雖も、吾亦之を為さん」については、既存の「富を求めるなら、鞭をとる露払いのような賤しい役目でもやればよい」という解釈ではなく、「もし正当な手段で富が手に入るならば、私は鞭をとる露払いのような役をしてもよい」という新しい解釈を示すことで、正当な営利行為は儒学においてむしろ推奨されていると位置づけた。

さらに、「国の富の根源」はこのような「正しい道理の富」であるとして、正当な営利行為が国益につながることを説いた。そして、「商才も亦、『論語』より出づるべし」（『論語と算盤』）と述べ、商業従事者の職業倫理の核心に論語が存在し、商業従事者は論語を職業における行動規範として学ぶべきことを示した。

渋沢の主張は必ずしも精緻な論語の解釈に立脚したものではないが、江戸時代の商業従事者の職業倫理の思想において課題とされた儒教的人倫と営利行為の正当性の不一致の問題を解決するとともに、それまで不明確であった商業従事者の職業倫理の核心が武士道に通じる儒学で構成されることを示した点において画期的であったといえよう。

これにより、体系的に整備されていなかった商業従事者の職業倫理に思想的基盤が備わり、これは体系的な商業道徳教育の実践、特に専門的経営者の高等教育に大きな影響をおよぼした。

また、当時の国家的スローガンであった「富国強兵」に営利行為が通ずることを示したことは、「恥不言利（利を言うのは恥ずかしいという意味）」という伝統的な価値観により、商業への転業をためらう士族に対して、思想的な障壁を除く一助となったことは想像に難くない。

明治期、士族を実業に転業させることは、近代的な企業家を育成し近代資本主義への移行を推進するための社会的要請でもあり、士族の失業問題を解決する有望な策でもあった。これを考慮した場合、渋沢の「論語と算盤」がもたらした影響は、単なる職業倫理の確立という枠を超えて実に大きいものであったといえよう。

4．職業倫理の観点から見た論語と算盤の現代的意義

「道徳経済合一説」を示し、渋沢は近代資本主義の担い手である商業の本質にある営利行為

の倫理的妥当性を説いた。儒学を価値の核心におく日本においては、営利行為の倫理的妥当性は社会的に広く受容されておらず、渋沢の試みは日本の近代資本主義への移行を思想的側面においても支えたといえる。

ただし、営利行為の倫理的妥当性の社会受容を得る困難は日本に限ったものではなかった。近代資本主義が誕生した欧州においても、伝統主義において営利行為は批判の対象となっており、それが倫理的な正当性を有する行為であることを社会に受容させるまでには多くの困難が存在した。欧州において、その説明を試みたのはアダム・スミス等の経済学の始祖と呼ばれる諸学者であった。その意味では、渋沢は東洋のアダム・スミスといえるのかもしれない。

そして、注目すべきは、渋沢は、『論語と算盤』を執筆する以前に、欧州におけるアダム・スミス等の諸学者がどのような論理で営利行為の正当性を得たかについて深い知見を有していたにもかかわらず、その直接的な思想の輸入をしなかった点である。

渋沢は、アダム・スミスが「国富論」や「道徳感情論」で示した思想を参照しつつも、日本の核心的な価値観をもとに独自の理論を構築している。ゆえに、アダム・スミスや続くジェレミ・ベンサムが示すような「私益の追求が結果的に公益の追求となる」という考えを渋沢は採用せず、「公益にかなった私益の追求が公益と私益を両立させる」という理論を示すなど特有の理論構築を実践している。また、西欧においては営利行為の倫理的な妥当性を「行為の結果」から判断する風潮が強いのとは対照的に、渋沢は営利行為における「行為の意図」から判断すべしとしているのも注目に値する。

昨今、グローバル化の進展に伴ってさまざまな思想や概念がわが国に取り入れられている。それらの中には、ＣＳＲやＣＳＶ（Creating Shared Value：共通価値の創造）など、現代企業のあり様に深く影響をおよぼすさまざまな概念も含まれる。これらの思想や概念の吸収と実践は、国際社会に乗り遅れないために重要であることは確かであるが、渋沢が近代資本主義を直輸入せず儒学との整合性の中で論じたように、自らの文化や核心的な価値観との位置づけの綿密な議論を抜かしては、荒唐無稽な活動となってしまうのではなかろうか。

渋沢が『論語と算盤』で示した職業倫理の内容が、現代企業の倫理にも通じるものが多いことは、他の章の記述からも明らかなとおり論を待たない。しかし、それに加えて渋沢が『論語と算盤』を通じて示した、外発的にもたらされる思想や概念を鵜呑みにせず咀嚼したうえで吸収せんとするその姿勢に、我々は学ぶところが深いのではなかろうか。

Ⅰ　渋沢栄一の生き方に学ぶ

【第4章】　渋沢栄一の教育イノベーション

1．渋沢栄一の教育・学術支援の背景：封建制下の教育

「日本資本主義の父」といわれる渋沢は、第1章で記述したように、多くの企業の創設にかかわると同時に、幅広い分野について社会活動を実践したことは広く知られている。本章では、渋沢の教育・学術分野の支援を取り上げ、商業教育と女子高等教育を中心に足跡をたどり、現代的意義を探る。

橘川・島田・田中（２０１３）は、公益財団法人渋沢栄一記念財団のデータをもとに、渋沢の生涯にわたる個人寄付金の件数と金額（２００６（平成18）年時点の貨幣価値に換算）を寄贈分野別にまとめた（図表４－１）。最大の寄付寄贈対象は「教育・学術」の分野であり、件数では６２３件中１９０件で30・5％を占め、金額でも全体の34・7％を占めていた。第2位の「社会事業」の分野に比較すると、件数では2倍、金額でも2倍弱と大きな差があった。渋

沢の教育・学術分野への関心と関与の大きさを示している。

なぜ、渋沢は教育・学術に大きな関心と関与を示したのであろうか。その理由を探るため、若き渋沢が受けた明治維新以前の教育につき振り返ることにする。明治以前の江戸時代では、士農工商という身分制度により教育も画然と分けられていた。士農工商の身分制度のもとで、商人の地位は決して高いものではなく、最下位に位置づけられていた。

図表 4-1　渋沢栄一の寄贈分野別の生涯寄付金

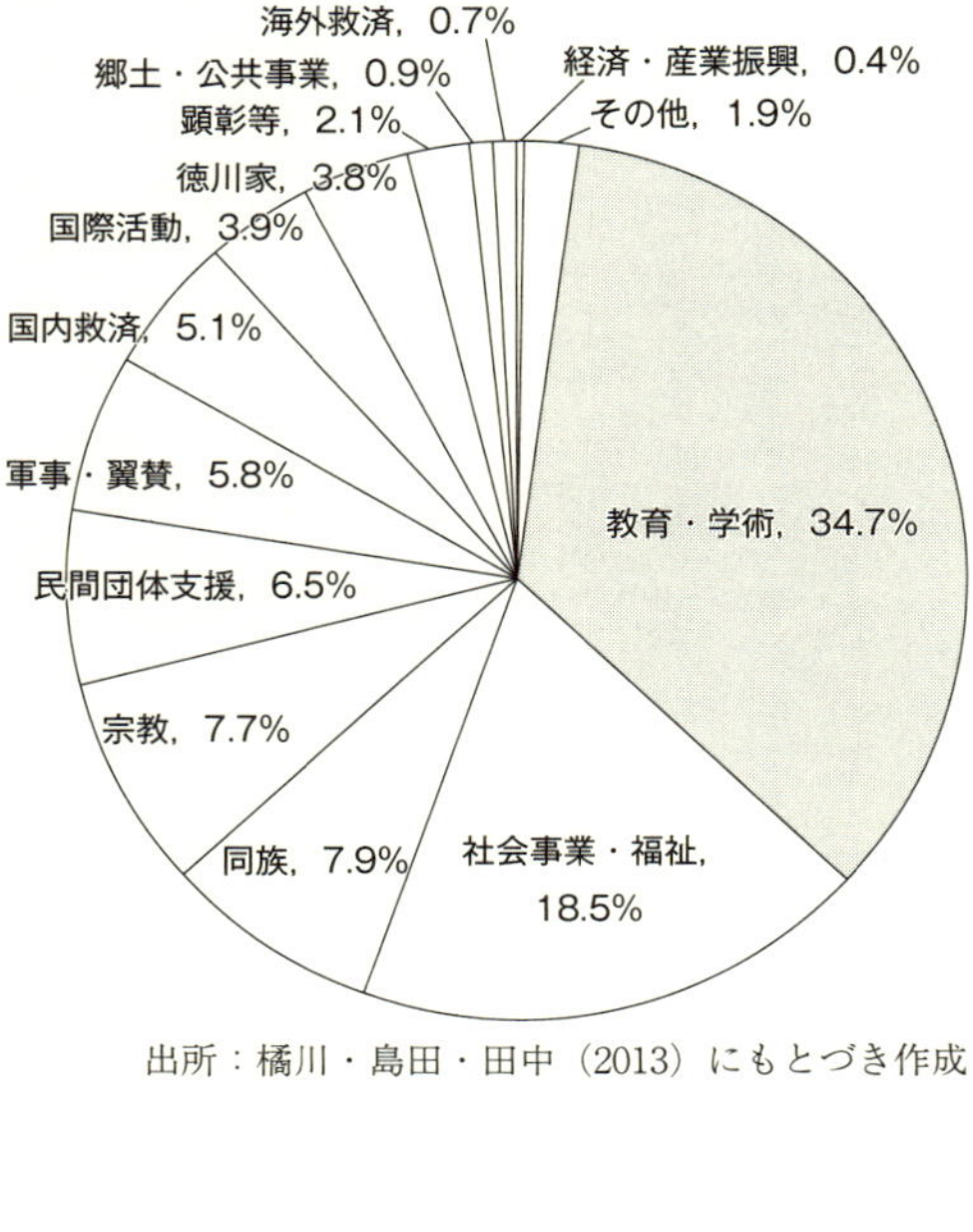

出所：橘川・島田・田中（2013）にもとづき作成

徳川幕府は、「自分を磨き、よき家庭をつくり、国をおさめ、天下を平和にする」という儒教の教えを教育することで、天下を統治した。「士」、武士階級に対しては、漢学教育を厳格に実施し、渋沢も幼いころより漢学を学んでいる。

漢学教育は1790（寛政2）年、松平定信（8代将軍吉宗の孫）による寛政の改革の一環として、寛政異学の禁が発せられ朱子学が正学とされた。幕府の管轄の下に、朱子学の教授所として、小石川に昌平坂学問所が設置された。朱子学の漢学教育は、四書といわれる『大学』『中庸』、そして『論語』『孟子』を読ませ、修身、治国、平天下の道を説き、それから、『小学』『礼記』等の教訓や礼法に入るという高尚から平易なものに進ませ、統治者が修めるべき内容の教育である。武士たちは、人を治める側であり、社会正義の道徳を掲げ、人を治め、教え導くものが経済活動を行うのは、本来の役割に反することだと考えた。経済活動は、社会正義のための道徳と無関係な人が携わるとされた（三好、２００１）。

一方、農工商の庶民は厳しい身分制度のもとに、士分の学問である朱子学とは別の学問を学ばざるを得ない。三好（２００１）によると、農工商の庶民は、寺院や名主の家で開かれている寺子屋にて習字や読書、珠算等を学んだ。１６９４（元禄２）年に大阪の堀流水軒という書家が商人に必要な生活用語や商業用語を習字用のテキストとして編集した『商売往来』を学んだ。また、１６２７（寛永２）年に京都の吉田光由が著した日本最初の算術書である『塵劫《じんこう》記《き》』等も使用した。これらの要素以外に、商人の「イエ」における後継者教育や奉公人教育などが機能していたという記載がある。農工商の人々は、武士の指示に従い、ただ、指示されたことをやればよいということである。

2. 新しい国づくりの原動力としての商業教育

渋沢が、国家にとっての商業の重要性を実感したのは、幕末の欧州体験であった。ナポレオン3世からのパリ万博（1867（慶応3）年）への招待があり、徳川幕府は、徳川慶喜の弟、昭武を名代として派遣した。渋沢はその随行団の一員として1年間欧州に滞在した。

身分制度が固定化していた日本と違い、欧州では商人と軍人が全く対等に接していた。さらに、ベルギーを訪れ製鉄所の見学をした徳川昭武に向かって、ベルギーの国王が自国の鉄鋼を売り込んでいた（渋沢著・守屋訳、2011）。現在では、トップセールスは珍しくはないが、渋沢が、一国の君主が商業に関わることに驚愕したことは想像に難くない。

帰国後、日本で初めて銀行と商社の機能を併せ持つ商法会所（後に「常平倉」と改名）を設立し、欧州の見聞を『立会略則』という書籍にまとめている。政府からの招状と大隈重信の説得により大蔵省（現在の財務省）へ出仕した。

しかし、薩長を中心とする政府は、国の財政基盤が弱いにもかかわらず多くの新しい制度の導入を進め、財政を担う立場とは摩擦があった。上司の井上馨の辞職を契機に、1873（明治6）年に大蔵省を退官した。明治政府のもとで士農工商の身分制度は廃止されたが、商人の社会的地位は高いとはいえなかった。国を豊かするという志を持ち、実業界へ転身した。1875（明治8）年の第一国立銀行の設立をはじめ多くの会社や銀行の設立を発起し、「合本」の言葉を用いながら日本に株式会社制度を普及させた。

さらに、渋沢は、日本の商業従事者に対し、商業において徳義を尊重すること、私利私欲よりも公、公益が重要であることを道徳経済合一説（初期には、義理合一）により理念展開した。欧米では、宗教であるキリスト教が果たしている役割を儒学の「論語」に求めた。しかも、渋沢が独自に解釈した「論語」を理論構築に用いたのだ。自分自身が儒学の学識を持っていることと、「論語」は日本社会に受容されやすいことによるものと考えられる。多くの講話や講演で伝え、商業従事者の意識変革を迫り、いわば実践的な商業教育を行ったと考えられる。

一方、東京高等商業学校（以下、東京高商）の学生には、商業の発展のためには、旧来の経験よりも新しい学識が必要だが、学識だけをふりかざしても、商業の成功につながることではない。学識を生かすべき人格や道理を身につけることの重要性を併せて学生に繰り返し説いている。

また、渋沢の理念的基礎である道徳経済合一説には両面構造がある。

「経済（富やそれを生むための事業活動）は道徳に適いかつ道徳に不可欠である」という表

面と、「道徳は、経済に適いかつ経済に不可欠なものである」という裏面との両面構造である。表面は商業の活力、裏面は商業の健全さを示している。学生には、当初、商業の活力につき話し、商業の健全さについては、１９１４（大正３）年になって初めて正面から取り上げている。さらに、１９１７（大正６）年から3年ほど、「経済と道徳」と題する修身特別講義を引き受けている。商業従事者へ「道徳」を当初より語っているのとは差がみられる（橋川・島田・田中、２０１３）。

ところで、渋沢が商業の教育機関に関与したのは、１８７５（明治８）年東京会議所の会頭であった時からである。駐米代理公使をしていた森有礼が商業を教える教育機関として商法講習所の開設を準備し、渋沢に資金面の援助を依頼したことによる。ところが創立者の森が急遽中国へ赴任することになり、商法講習所は東京会議所の所管となった。商法講習所が、私立から東京府立の東京商業学校、東京高商、東京商科大学（現・一橋大学）へと昇格するまで、渋沢は長期にわたり支援している。寄付金提供に始まり、経営・運営に関与し、対外調整ならびに学内の教育課程や人事等への影響力発揮、卒業式等の演説、同窓会（如水会）への援助等、幅広く関与した（三好、２００１）。

当時、商業は、法学、医学、工学、農学等の分野に比べ、低く見られており、東京高商には合併や廃校等の危機があった。特に、大学昇格に挫折し学生全員が退学届を提出した申酉《しんゆう》事件

（１９０８～０９（明治41～42）年）の時は、求められて渋沢が調停に乗り出した。その際、「商業大学設備に関する方針として、これを現行帝国大学内に併置するは、わが国商業教育のため絶対反対」と文部大臣に帝国大学への合併案を排する意見を述べている。商業社会においても、ほかの社会と同様に「将帥」になるものの教育が必要で、大学程度の学問の重要性を唱えた。１９２０（大正９）年に至って東京高商は東京商科大学に昇格した（三好、２００１）。

米国のカーネギーを尊敬し、企業家の社会活動を先導した渋沢は、他にも多くの商業教育機関を支援している。特に高等教育についていては、たとえば、現在の東

渋沢栄一の支援により創設された一橋大学

（注）写真は、兼松講堂。一橋大学の同窓クラブ「如水会」は、『礼記』の「君子交淡如水、小人交甘醴」に由来し、渋沢栄一によって命名された。

出所：一橋大学提供

京大学では、1882（明治15）年から数年間、文学部理財学科で講師として「日本財政論」を学生に講義している。また、明治初期に渋沢の大蔵省入りを説得した大隈が創立した現在の早稲田大学へは、1901（明治34）年の大学部設置計画への寄付を契機に支援し、特に大隈の死後の体制を経営面から支援した（橘川・島田・田中、2013）。

3. 渋沢栄一と女子高等教育：日本初の女子大学校設立の支援

明治政府は、治外法権や関税自主権の欠如といった外国との不平等条約の改正の必要から、外観だけでも欧米と同じレベルに整えるため、1883（明治16）年に鹿鳴館を落成した。1886（明治19）年に西洋人との社交に必要な常識を持った上流女性の社交教育機関である女子教育奨励会を設置し、さらに、上流女性の娘の教育機関として東京女学館が1888（明治21）年に開校した。渋沢は東京女学館の会計監査となり、のちに校長を務めている（渋沢研究会、1999）。

渋沢は、日本の女子教育の現状を、「貝原益軒の『女大学』を「封建時代の消極的な方針、女性の知識教育を閑却したもの」であり、明治になってから進歩したとはいえ、実体はまだ『女大学』の域を出ていない」（渋沢著・守屋訳、2011）と認識していた。

キリスト教系の梅花女学校の元校長である成瀬仁蔵（1858～1919）は、女子の高等教育機関の設立を考え、渋沢に支援を要請した。渋沢は成瀬を支援し、日本初の女子大学校である日本女子大学は1901（明治34）年に開学され、初代校長は成瀬、発起人に西園寺公望、大隈が創立委員長、渋沢は創立委員兼会計監督に就任した。寄付者の中には、日本初の女性実業家といわれる広岡浅子も記録されている。

その後、女子教育に対する反動化の時期に女子大学を存続させるため、渋沢は成瀬とともに2回の地方巡回を行った。1回目（1910（明治43）年）には北信越地方、2回目（1911（明治44）年）は関西・中国地方であり、2回目には大隈も同行している。この巡回では、地方の財界人や一般向けに寄付依頼や講演を行い、女子の高等教育の必要性に関する一般の認知を高めた。のちに、渋沢は三代目の日本女子大学校長に就任した。大正から昭和初期における日本女子大学の卒業生の約半数は、教育関連の職種を中心に就職し、社会進出を果たしていた（橘川・島田・田中、2013）。

渋沢は、女子高等教育について経済合理性の観点から、「女性にも男性と同じ国民としての才能や知恵、道徳を与え、ともに助けあっていかなければならない。そうすれば、今までは5千万の国民のうち2千5百万しか役に立たなかったのが、さらに2千5百万を活用できることになるのではないか。これこそ、おおいに女性への教育を活発化させなければならない根源的理屈なのだ」（渋沢著・守屋訳、２０１１）と述べている。

しかしながら、渋沢の基本的な女性観は儒教の女性への徳目、貞操、従順、忍耐等を求めていたこと、女子教育の程度は能力と分相応（身分等）にという考え方であり、才能ある女性に高等教育を与えるという考え方でもあった。ただし、大正デモクラシーを背景にして、女性の教育レベルが向上すれば女性にもいずれは参政権をというオープンな態度ではあった（渋沢研究会、１９９９）。

渋沢の民間女子教育機関への支援活動は、東京女学館、日本女子大学に限らない。１８８５（明治18）年の明治女学校への寄付に始まり、91歳で死去するまでの46年間29校以上の多くの教育機関におよんでいる。しかしながら、女子大学校が正式な大学として認められるためには、平塚らいてう（らいちょう）のような新しい女の出現を恐れ、家父長制の家族制度の存続を重んじる政府の意向により、第２次世界大戦の終結後まで、待たなければならなかった。

4．渋沢の教育イノベーションの現代的意義

渋沢は、欧米の資本主義の発展からはるかに遅れていた日本を豊かにすることを目指し、教育・学術分野に多様な方法で多大な支援をしている。それは、単なる支援を超えて、変革をも

たらしており、いわゆるシュンペーターが唱えたイノベーションを起こしたと考えられる。

第一は、封建時代はもとより明治新政府の下でも、国家の発展に資するとして、教育（特に高等教育）の対象に含まれてはいなかった商業従事者および女性を包含したことである。

官尊民卑と男尊女卑という言葉で表される社会的評価が低い被支配層の人々を対象にしている。「官」（政治）のみが国を発展させるのではなく「民」（経済、商業）の隆盛による財政基盤こそが国の発展に不可欠という信念にもとづく。また、男子のみで国を支えるのではなく、女子も高等教育を受けることによってともに国を支える力になるということを述べている。

いずれも経済合理性の観点から、国を豊かにすることを目標に、国民の多様な知恵と力を生かそうとした。国レベルでの「多様化（ダイバーシティ）と包含（インクルージョン）のマネジメント」の先駆けであったと考えられる。

第二は、商業と商業教育に私利私欲にとどまらず、「公、公益」という普遍的な概念を盛り込んだことである。

渋沢は、朱子学の解釈とは異なる独自の解釈による「論語」を活用し、道徳経済合一説を唱えた。商業従事者に徳義尊重と新しい学識と実務能力の獲得をすすめた。徳義尊重により社会から信頼され、商業の社会的地位も上昇すると唱えた。

さらに、渋沢が唱えた合本主義は、出資者資本主義ともいわれ、市場にさまざまな人たちからの資本を活用するという考え方で、オープンな資本主義、株式会社制度を唱えた。財閥に見られる閉鎖的な資本家資本主義とは一線を画している。

第三に、商業教育では、新しい知識と実務能力、そして高い徳義を備えた人づくりを目指したことである。商業分野でのリーダー育成と学術領域における「商学」の位置づけを高めることを意図していた。

渋沢は、東京高商が帝国大学に合併されることを強力に排除し、商科大学への昇格のために奔走した。それは、商業の隆盛には、ビジネスリーダーが必要であるという考えによる。

渋沢の功績は、上記のような目覚ましいものがあり、いずれも日本の発展に大きく貢献した。渋沢の「論語」の独自解釈と活用、多くの分野の人たちとの交流、支援の徹底、率直で柔軟な発想と行動力が基盤になっていると考えられる。

しかしながら、時代背景や儒学を基本にしているため、その限界もある。たとえば、渋沢は、キリスト教の一夫一婦制や男女平等論の受容には難色を示し、儒教的女性観を持ち続けていた。日本女子大を創立した成瀬に信頼を寄せていたが、「女子が生意気になっては困る」「学問をして日本女性の美徳をそこなうのではないか」と、しばしば忠告したという記述がある（渋沢研究会、1999）。

現代の日本は、国も個人も格段に豊かになり、商業（ビジネス）の社会的地位は格段に高まった。日本は、世界第3位のGDPであり、首相は外国訪問時に自国の技術や商品等を紹介し、いわゆるトップセールスを行うことも珍しくはない。さらに、社会的責任に対するグローバルレベルの規範として、国際標準化機構が策定したISO26000（組織の社会的責任規格）が、2010（平成22）年11月1日に発行している（ISO／SR国内委員会、2011）。

企業は、企業倫理の確立に向けてさまざまな方策をとっている（小林・百田、2004）。しかしながら、企業不祥事は新聞紙上にたびたび報じられる。

理念や規範を組織内に徹底する難しさを渋沢ならどう解決するだろうか？

現在の日本経済は約20年にわたるデフレ経済からようやく脱却しようと模索が続く状況にある。日本の女性が能力を発揮できる環境が整えばGDPが上昇するという試算がIMFから示されている。そこで、政府より日本再興戦略の施策の一つとして、女性の活躍推進と少子化改善の施策がとられつつある。日本には女性がビジネスや政治、学術等の分野で意思決定の場に参加できる機会がいまだにきわめて少ない。同時に、安心して出産育児を遂行できる環境も不十分である。

また、女性に限らず、障害者、外国人等、多様な人々を生かし切ることが十分になされているとはいえない。経済合理性の観点からこれらを変革するため、まさに「多様化（ダイバーシティ）と包含（インクルージョン）のマネジメント」が求められている（田中・水尾、２０１３）。

現代は資本主義が高度に発達し、複雑なグローバル社会である。先進国も途上国も相互に関連を持ちあいながら、多様な課題を抱えている。キャッチアップすべき圧倒的な先進モデル（渋沢の時代は欧米、特に英国か？）が見当たらない時代である。

本当に豊かな国を創造するための人づくり、ビジネスモデルづくりが急務である。各地でさまざまなリーダー育成の試みが始まっており、たとえば、一橋大学では、渋沢スカラープログラム（http://ssp.cm.hit-u.ac.jp/）、財務リーダーシップ・プログラム（http://hflp.jp/hflp/）等がスタートしている。

今一度、渋沢から柔軟な発想と知恵と行動力を学び、「現代の渋沢」を育成する教育が求められている。

Ⅰ 渋沢栄一の生き方に学ぶ

【第5章】 渋沢栄一とコーポレート・ガバナンス

1．渋沢時代の資本と経営

会社制度やコーポレート・ガバナンスの視点からの渋沢の最大の功績は「合本法」のわが国への導入であろう。その構造は現代の株式会社制度と似通ったものと受け止められがちだが、渋沢研究の第一人者である木村昌人は「公益を追求するという使命や目的を達成するのに最も適した人材と資本を集め、事業を推進させる」（橘川・フリデンソン、２０１４）ことに主眼があるとする。確かに渋沢が手がけた合本組織には、株主の有限責任原則に貫かれた株式会社のみならず、合資会社や匿名会社なども含まれて融通無碍の印象を受ける。

渋沢の考える理想の会社像を理解するには、本人の言行録をたどるのが近道だ。そこでは合本法にもとづいて事業を起こす際の４つの点検項目を明示している（『青淵百話』「30・企業家の心得」）。

①その事業は果たして、成立すべきものなるや否やを探究すること。
②個人を利するとともに国家社会をも利する事業なるや否やを知ること。
③その企業が時機に適合するや否やを判断すること。
④事業成立の暁において、その経営者に適当なる人物ありや否やを考うること。

①や③は当然のチェックポイントだが、出資者の利害を超えた利益の実現をフィージビリティの次に掲げているのは注目される。さらに経営に長けた適材の登用を重視している。

こうした考えの一端は明治政府に勤めていた1871（明治4）年に出版した『官版立会略則』に早くも顔を出している。同書は福地源一郎が海外の会社法を訳して出版した『会社弁』の理解を助けるために、渋沢自らが欧州で見聞した会社制度を紹介したものだ。

そこでは「商業をなすには切に会同一和を貴ぶ」として、幅広く資本を募ったうえで、実際の経営をあずかる差配人、取扱人らの選挙は「相当の身元ありて多数の金を出し多く株数を所持するものに限る」としている。外部からプロの経営者を呼ぼうにも肝心の人材が育っていない。まずは株主やその周辺から能力のある経営者を選ぶという現実策が明示されている。

特定の資本家に頼らず、幅広く資金を集めるという考えには批判もあった。渋沢を語るうえで欠かせない向島事件はその象徴といえる。1878（明治11）年夏、三菱の当主、岩崎弥太郎から渋沢に東京・向島の料亭への招待状が届く。そこでのやり取りは次のようなものだった（鹿島，２０１１）。

これからの事業展開について問われた渋沢は、欧米の経済発展をもとに「合本法を大いに普及させる以外にない」「国を富ませ、民のふところを豊かにする路だ」と言い切る。これに対して岩崎は「あくまで一人の才能ある人間が経営も資本も独占して行うべき」と譲らない。ついに渋沢は宴席を立ってしまう。欧米資本との競争を乗り越えるためには両者が手を結んで成長の果実を得ようという岩崎の目論見ははずれた。企業競争を人体の熱にたとえ、商人は常に適切な平熱を保つことが肝要と考える渋沢としては、譲れぬ一線だった。

「官業」や「独占」への反骨心が、幅広く多くの資本を集めて運営する合本組織の背景にある。ただ、その実現には多くの困難も伴う。華族資本や地主、資産家から資金を集めれば、ともすれば短期の利潤追求を求められる。「個人を利するとともに国家社会をも利する事業」を実現するには、株主から信頼される経営者が欠かせない。

明治維新の激動を乗り越えた両替商などはいた。しかし、家の存続が最大の目標であった時代とは経営の理念そのものが異なっている。渋沢は自ら経営に携わる一方で、合本法を理解する人材を発掘し、育て上げることに腐心した。島田昌和は「渋沢の創出した戦前の日本型経済システムには多種多様な人的ネットワークと多様な資金調達手段が盛り込まれて」いたと指摘する（橘川・島田・田中、2013）。

官業批判も明快だ。さきの『立会略則』では「通商の道は政府の威権をもって推し付け又は法制を以て縛るべからず」と言い切る。政府刊行物とは思えない書きぶりである。

事業家としての活動は、3年半勤めた政府を辞して第一国立銀行の経営にあたる1873（明治6）年から本格的に始まる。特定の一族が経営も資本も独占する財閥に対抗するように合本組織が歩みだした。

2．コーポレート・ガバナンス論の萌芽

コーポレート・ガバナンスの視点から渋沢の言行録を読むとき、企業不祥事が後を絶たない現代社会への警告が随所にちりばめられていることに気がつく。

まず、経営者の職責をどうとらえているか。

「株主から選ばれて会社経営の局に当たる場合には、会社の重役たる名誉も、会社の資産も、ことごとく多数株主から自分に嘱託されたものであるとの観念を有《も》ち、自己所有の財産以上の注意を払って管理しなければならぬ」（『青淵百話』「29・事業経営に対する理想」）。つまり、取締役に求められる「善良なる管理者の注意義務（善管注意義務）」である。

さらに、「常に、会社の財産は他人の物であるということを深く念頭に置かねばならぬ」と戒める。会社資産と自らの資産とを混同してはならず、その間に秘密は許されない。すべては株主から経営を委任された者の責務であると明快だ。

取締役に求められる会社への忠実義務にも言及している。『立会略則』では、取引の相手方とのなれ合いで私利を得る行為を厳しく禁じ、「不正の処置露顕する時には衆議の上、除名し、必ず重大なる償金を出さしむ」とした。

肩書きばかりで機能しない取締役への批判は容赦ない。「会社の取締役もしくは監査役などの名を買わんがために、消閑の手段として名を連ねておる、いわゆる虚栄的重役なるものがある」（『青淵百話』29）と喝破する。２０１５年に金融庁と東京証券取引所が定めた「コーポレート・ガバナンス・コード」で急増した社外取締役の中に思い当たる人はいないだろうか。

情報開示（ディスクロージャー）はどうか。まず「正直正銘の商売には、機密というようなことは、まず無いものと見てよろしかろう」とする。陰で私的な利益を図るような振る舞いが見られるのは「重役にその人を得ざるの結果」（同）と厳しい。その信念から第一国立銀行の設立にあたっては出資者名と出資金額を公表した。木村は「銀行を合本主義の中心に据える渋沢としては、出資者の責任を明確化するためにも、透明性の確保は絶対に譲れないルールであった」（橘川、２０１４）と見る。

さらに1876（明治9）年に改正された国立銀行条例72条では、株主は銀行の営業時間中であれば、いつでも会計帳簿を点検することが認められ、それを銀行が拒んだときの制裁まで定められていた（小橋、1981）。旧条例を起草した渋沢自身はすでに第一国立銀行に転じていたが、金融システムを誰よりも知る渋沢の意向が強く反映している。取締役の責任や情報開示などを盛り込んだ商法が本格的に運用されるのは、改正条例から20年以上も後のことである。

では、明治初頭にこうした経営と資本の適正な距離、市場への対応などに思い至った背景はどこにあるのか。

第1章でも記述したように、1867（慶応3）年から1年余、15代将軍徳川慶喜の実弟昭武に従い、パリ万国博覧会に派遣された影響はきわめて大きい。名誉領事であった銀行家フリュリ・エラールとの親交を深め、最先端の社会制度や産業の真髄を実地で学んだ。渋沢が持つ「事物同士を見えないところで関連づけているシステムを把握する力」（鹿島、2011）は、会社制度の理解にも遺憾なく発揮されたはずだ。

ナポレオン1世が整えたフランス商法典（1807年）に始まり、実体経済の変化に対応して株式会社の法制度が次々と整えられる時期に現地にいた。さきの善管注意義務の考え方は、すでにローマ法で「善良なる家父の注意」として定められ、その流れを受け継いだフランス法体系にも「善良なる家父」の考えは根づいている。エラールからは公債、株式などの資本市場の仕組みや銀行の機能を実地に学んでおり、その中で取締役の責務や情報開示の重要さも学びとったと考えるのが自然だろう。

第一国立銀行を発足する際に筆を執った「株主募方布告」では、銀行の役割や公共性についてわかりやすく述べている。「銀行は大きな河のようなものだ。銀行に集まってこない金は、溝に溜まっている水やポタポタ垂れている滴と変わりない。せっかく人を利し国を富ませる能力があっても、その効果はあらわれない」

市井の人々から出資や預金を募るならば、経営の透明性や経営者の倫理性は大前提で、そうでなければ信用で成り立つ銀行制度そのものが危うくなる。金融システムの整備と通貨の安定供給、信用制度の確立は社会発展の必要条件であることを実証した。

もう一つが渋沢の生い立ちだ。支配階級である武家に生まれていれば、市場の透明性を支え、信用を確立するコーポレート・ガバナンスの考え方が理解できたか。藍玉の生産を手がける豪農に生まれ、商売のあり方、資産の運用などを身近に見て育った。

江戸時代の商家にも事業の永続性を保つ工夫はあった。たとえば、合議制による意思決定だ。主人による独断専行を防ぐために、分家や別家の当主も集まり、重要事項について審議した。家産を危うくすると判断された主人への「押し込め隠居」が実行された記録もある。家業は先祖から子孫へと受け継ぐべきあずかりもので主人といえども勝手は許されないという考えから、フランス流の「善良なる家父」の注意義務までの距離はさほど大きくない。

また、江戸時代も同族や地域のつながりの中で共同事業が営まれ、大きな商家では当主が大番頭や支配人といった実務に長けた使用人に経営を委ねることも当たり前だった。そこに経営と資本の分離の萌芽を見ることができる。

20代半ばに資本市場が花開いた欧州を訪れ、最先端の会社制度に触れたことで、志を同じくする人々が資本を持ち寄る合本法の思想が開花し、おのずとガバナンスの視点が確立したといえよう。それは身分制度に縛られて停滞に陥った幕府政治への異議申し立てでもあった。

3. 道徳経済合一説

渋沢が合本法を掲げて実社会に踏み出した時期は、世界の流れから見ても絶好のタイミングだった。欧米で株式会社設立を事実上制限してきた特許主義が、一般法に準拠して原則として自由に設立できる準則主義に変わるのは19世紀半ばのことである。渋沢が学んだフランスでは、１８０７年の商法典に株主有限責任の原則が盛り込まれ、67年に準則主義に移行する。英国で62年、ドイツでは70年に準則主義が確立されている。

証券市場の研究者小林和子は「日本が長年の鎖国を解いたのはまさにこのときである」「崩れかかった封建制を一気につき崩し、新たな方策に切りかえるべきとき、そのモデルがまさに成熟していた」（小林、１９９５）と指摘する。さらに先進国の成果を直ちに取り入れられる後発国の有利さもあった。

そんな時代に渋沢が存在したのは、明治政府にとっても、日本の資本主義にとっても僥倖だった。フランスで会社制度や市場制度を体得してきただけでない。「殖利という事には、常に利益が余計にあればよいとの観念が先に立つものであるから、自然道徳に反しやすい」（『青淵百話』「26・日本の商業道徳」）と経営の暴走を自ら戒め、歩みだして間もない会社制度の悪用を封じる役割も果たした。世にいう「論語と算盤」である。

渋沢自身は江戸時代に育った教養人として論語に親しんだ。そして、自らの思想的支柱として、道徳経済合一説を掲げた。すなわち「仁義道徳と生産殖利とは、元来ともに進む」として、義にかなった利は決して恥ずるものでなく、逆に社会にも貢献するとの信念である。その影響は三点におよぶ（渋沢栄一記念財団編、２０１２）。

まず、江戸時代の商業蔑視観を取り払い、優秀な人材が産業界に集まる道を開いた。第二に商人自らが抱えていた目先の利益志向を改め、国際的な競争力の礎を築いた。その視点には、石田梅岩と門弟の手島堵庵《てじまとあん》らによって広められた石門心学の影響もうかがえる。第三に、生まれたばかりの資本主義、市場主義がルールのない弱肉強食の世界になることを防ぎ、公正な競争が重視される環境を整えた。

その当時、福沢諭吉や岩崎弥太郎など、儒教の道徳は近代資本主義には有益でないとする論者は多数存在したとされる。個の自立や競争を通じての社会の発展を阻む側面があるとの批判であった。これに対して、渋沢は次のような説明をしている。

欧米のプロテスタンティズムのような商業活動を支える倫理的支柱を考えたとき、当時の日本人に最もなじみがあったのが論語であり、「最も欠点の少ない教訓である」（渋沢栄一、2008）から、その教えに従って商売し、利殖を図ることができる。江戸時代の身分制度を理論的に支えてきた朱子学とは無縁の、あくまでも渋沢流の解釈を加えた論語を指針にしたというのだ。

4. 元気振興の急務

こうした先人の評伝では過度な評価に陥りがちだ。彼の経営手法における限界や問題点もしっかりと踏まえ、その功績を正当に位置づけなければ、底の浅い個人礼賛に終わってしまう。

晩年、「世人より誤解されて、渋沢は清濁併せ呑むの主義であるとか、正邪善悪の差別をかまわぬ男であるとか評される」（『青淵百話』「19・清濁併せ呑まざるの弁」）と認めるとおり、産業育成に熱心なあまり首を傾げたくなる行動も見られた。

１８７３（明治６）年に設立し、自ら会社事務担当（現在の代表取締役）となった抄紙会社（後の王子製紙）へのてこ入れはその一例だ。

満足できる製品が生産できず、窮地に追い込まれた会社を救済するために、渋沢は策を講じる。「自らが頭取をつとめる第一国立銀行から借入したり、あるいは渋沢が自分で株式を買い取り、その後にこれを第三者に売却するようにしたりして、一時的ながら資本を確保したのである。この、株主が見つかるまでの自社株買いは、渋沢が初期の第一国立銀行においても得意としたことで、今日なら、商法違反となりかねない綱渡りだった」（鹿島、２０１１）。

また、労働環境の劣悪さが社会問題となる中で１９１１（明治44）年に制定された工場法に異を唱える。「労働者保護という美名の下に、かえって後日に幾多の禍根を残すに至りはしまいか」（『青淵百話』「37・当来の労働問題」）。就労年齢に制限を加えたり、労働時間に一定の規定を設けたりすれば、賃金が減ってしまうし、衛生設備をやかましくいえば、資本家側はコスト増を賃下げで吸収するというのだ。

「賃金引き上げによって労働時間削減を果たそうとするところに想いがおよばないのは、やはり資本家の立場ゆえ」（見城、２００８）という批判があるのも当然だろう。１９１９（大正8）年、労使協調のための研究調査と社会事業を行う協調会を設立し、自ら副会長に就いたほか、60年間にわたって東京養育院を支えるなど、多くの社会事業に力を尽くしている。とはいえ、新しい時代の労使関係にどこまで理解があったのか、については、疑問が残る。

一方で、現代にも通用するような発想も随所に見られる。

株主を含む企業のステークホルダーには長期的な関与を求めた。そこには「コーポレート・ガバナンス・コード」の基本原則（①株主の権利・平等性の確保、②株主以外のステークホルダーとの適切な協働、③適切な情報開示と透明性の確保、④取締役会等の責務、⑤株主との対話）に通ずる部分が少なくない。

日本の競争力を回復するためには、経営に緊張感をもたらせて企業価値を高め、内外の資本がおのずと集まってくる環境が欠かせない。安倍政権はコーポレート・ガバナンス重視の政策を打ち出したが、合本法による企業育成に奔走した渋沢もまた、海外との競争に負けない国力をつけることに心を砕いた。市場制度を整え、長期的な視点での投資を呼びかけ、経営責任を重んじたのも、持続可能な会社を育てるうえでは必然の選択だった。

長命だった渋沢は多くの著作物や講演録を残している。晩年、安定軌道に乗ったことで緊張感が緩んだ社会を憂え、挑戦的な気風を再び取り戻すことを呼びかけている（『青淵百話』「68・元気振興の急務」）。安易に偶像化するのでなく、先例のない合本組織の立ち上げに奮闘し、ときには挫折しながらも、日本の資本主義の揺籃期を走りぬけた等身大の渋沢から元気振興の道を学びたい。

【第6章】渋沢栄一と社会貢献活動

1．ソーシャル・アントレプレナーとしての渋沢栄一

日本の「豊かな社会」を思い描いて、それに向かって突き進んでいた渋沢。その青写真の原点は、幕末期に視察で訪れた西洋諸国にあった。その約100年後、日本は、かつての目標であった欧米諸国の技術や経済レベルを達成してしまった。

現代の日本は、目標なく迷走している状態ともいえる。そんな時代において、次の時代をどう創っていくか？

「愚者は経験に学び、賢者は歴史に学ぶ」

渋沢が行ってきたことをロールモデルとして見ていく。すると、起業を志す者、あるいは企業運営にかかわっている者へ、次の豊かな社会へとつながるヒントがあるはずである。

現在、「社会起業家」あるいは「ソーシャル・アントレプレナー」として、ビジネスを興す

人が増えている。これは、事業を通じて社会的課題を解決するというビジネススタイルである。このビジネス分野は「ソーシャルビジネス」とも称される。そして、従来のＮＰＯやＮＧＯなどに代表される寄付型の運営ではなく、サービスや商品という形で社会に提供し、その収益で組織運営する形態が多くなっている。

渋沢が設立・運営にかかわった企業を見ると、西洋文明に開化した当時の日本社会が求めているものを、事業を通じて供給するという点が多いことに気づく。これは、今のソーシャル・アントレプレナーに通じるものである。

１８６８（明治元）年に、開国を迎えた日本は、西洋諸国と比べ、約３００年もの技術革新の遅れがあった。西洋諸国にいかに追いつくかが日本全体での社会的課題であった。そうしないと、当時のアジア諸国同様に、欧米の属国になってしまう恐れがあった。

このような混乱の幕末期・明治開国の時代の中で、渋沢の果たした役割は大きい。彼は、若い頃にアジア諸国・西洋諸国を訪れ、その比較文化的な視点を持ったと考えられる。各国を見てきた渋沢が、母国日本の「幸せな社会＝豊かな社会」とは何か、必要なものは何かと思いをめぐらし、そこにビジネスチャンスがあると見て、いくつもの事業を興すことにつながった。

たとえば、当時はまだなかった、電気、ガス、鉄道などといった公共インフラ、中央銀行の貨幣制度、取引所などの金融の仕組み、資本主義という組織運営などは、開国した日本が経済的成長をするうえで必要なものばかりである。これらがなければ、日本は、アジアで類を見ないまでの経済発展を遂げることはなかっただろう。

渋沢は、後世に「経済道徳・経済理論を説いて回った高潔無私なリーダー」と称される。個の利益の追求ではなく、社会の利益の追求を目指し、それが豊かな社会の創造につながる。このような思想・行動をとった渋沢は、今日のソーシャル・アントレプレナーといえよう。

2．資産を社会に還元

企業の経営において、事業を「細胞」とすれば、会社という組織体を動かすお金は「血液」と見なせる。これは、必須なもので、途絶えてはいけないし、絶えず流れ続けなければならない。

経営者の視点で渋沢をみると、その偉業の大きさに感銘を受けると同時に、いくつかの疑問が湧く。そのうちの一つに「なぜ、これほど多くの会社を設立できたのか」というものがある。

当然のことながら、企業の設立には元手となる原資が必要となる。渋沢が設立した企業には、重厚長大の業種も少なくなく、それに応じて多額の資金等が投じられたと見込まれる。渋沢家は、もともと藍玉で財を成した一家とはいえ、そこまでの財源があるとは思えない。いくつかの文献から、渋沢の事業のシードマネーを調べていくと、以下のように推測される。

まず、初期を見ると、渋沢は、１８７３（明治６）年の33歳の時、大蔵省を退官し、日本で最初の国立銀行である第一国立銀行の創業メンバーとなる。しかし、銀行を設立したものの、資金の貸付先となる企業がない。そこで、「資金を融資するから事業を行え」というスタイルで、抄紙会社、東京瓦斯、東京鉄道、品川煉瓦製造所、東京海上保険、日本鉄道、大阪紡績、東京風帆船などの会社が設立される。これら企業に共通することは、西洋の技術・知識を取り入れた事業、あるいは日本社会のインフラとなる事業である。

初期の頃に設立された、第一銀行、日本銀行、浅野セメント、磐城炭坑、王子製紙などの企業は、業績がよく、成長が有望視される企業、いわゆる「優良株」となった。渋沢は、これらの株を積極的に売却し、「設立した会社の支配を強化するよりも、新たな会社の設立原資を得ることを優先して行動していた」という。そうして得られた原資をもとに、渋沢家という共有財産体をつくり、中期・後期へとつなげていく。この渋沢家のお金の収入、支出等を記した「渋沢同族会会議録」によれば、今の評価額にして約７７９億円を投じていることが明らかになった（図表６－１）。

一方、これだけ多くの企業や事業にかかわりながら、どのように運営をしていったのか。とてもワンマン経営というレベルを超えている。

「渋沢には、すべてを任せられる腹心の部下が存在していたわけではない。学歴や経歴を問わず、幅広い人脈からこれぞと思った人材を数多く登用し、多数の経営者たちとビジネスを切り盛りしていった」という。その設立・運営パターンは、以下のとおりである。

①自分とともに大株主になってくれる人を捜して経営陣に引き込む

②責任感が強く高潔で、任せて安心な専務取締役を据える

③新知識を身につけた若い技術者を大学からスカウトして、一年ぐらい欧米に勉強に行かせて技師長にする

図表6-1　渋沢栄一の投資額

1891～1900	3,237,855円
1901～1910	4,466,524円
1911～1920	16,608,812円
1921～1931	14,554,935円
計	38,934,626円

↓

今の価値換算で

約779億円

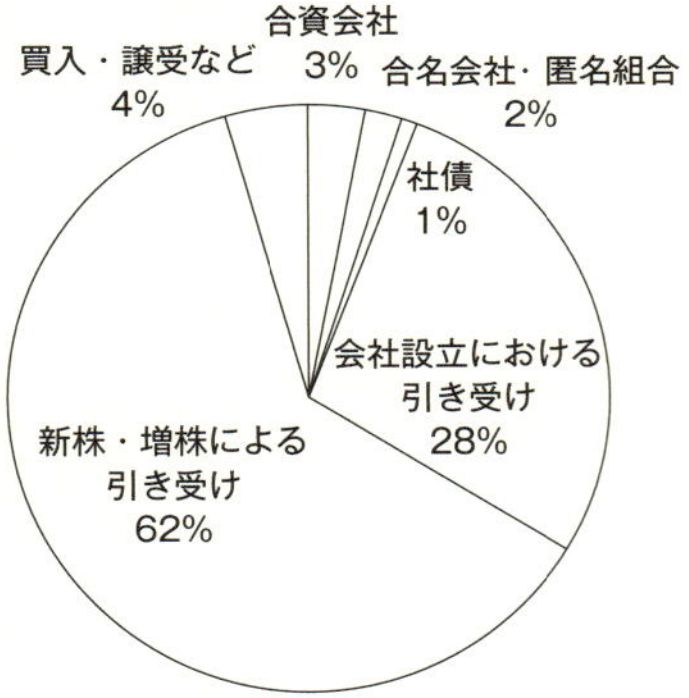

出所：島田（2003）にもとづき筆者作成

④第一国立銀行からお目付役とも言うべき人材を会計係として送り込む

「会社」の英単語「カンパニー」の名前の由来は、ともにパンを食べる人という。事業は、自分一人で行うのではなく、いろいろな人々とのかかわりで成立する。今でこそ、「人は財産」といわれるが、それに似た意識で、会社内の組織づくりを行っていたのではないか。

日本が豊かな社会になるために、必要なものは何かと自問し、そこに自ら資産を投じて事業をなす。そして、その事業会社を担う人々を集める。この過程で、新しい事業が生まれるだけでなく、人材育成にもつながり、それらが未来の日本社会の基盤になっていく。そう考えると、この投資活動自体が、日本にとって、最も有益な「社会貢献」だったと見えてくる。

３．持続的に成長する企業のＤＮＡ

企業活動は、収支が成立すれば、組織運営に問題はないものの、心がない企業は、単なるキャッシングマシンに陥ってしまう。こうした企業に未来はない。一般に、創業者が健在の時は、事業活動が活発であったのに、二代目、三代目と経営を引き継ぐうちに、傾く企業も多い。これら企業に共通するのは、創業者の心が時代とともに経年劣化し、心なき企業となってしまっている。

サッカーの試合で勝つことは、スポーツにおいて原則的なことである。ここで、プロのサッカー選手は、ただ勝つだけでなく、そこに感動が生まれるようなプレーをする点も見逃せない。企業は、サッカー選手と同様、事業活動を行いながら、単なるキャッシングマシンになるのではなく、より高次な目的・目標を持ち、社会における価値を生み続けることが求められる。

渋沢がかかわった企業（以下、渋沢系企業）の多くは、現在も大きな地位を占め、持続的な企業活動を行っている。その継続性に、何かヒントがあるのではないか、探っていきたい。そこで、いくつかの渋沢系企業の、「企業の心」ともいえる経営理念を調べてみた（図表6－2）。

渋沢系企業には、「社会に貢献」「価値創造」「豊かな社会」といったキーワードが現れること

図表 6-2　渋沢系企業の経営理念

- **太平洋セメントグループは、持続可能な地球の未来を拓く先導役をめざし、経済の発展のみならず、環境への配慮、社会への貢献とも調和した事業活動を行います。**
- **黒崎播磨グループは、たゆまぬ革新を通じ、セラミックス分野の価値ある商品、技術を世界に提供し、産業の発展を支え、社会の繁栄に貢献します。**
- **カタクラグループは、信義、誠実、親和協力を旨とし、命と健康を守り健全で豊かな社会の実現に貢献する。**
- **食の安全、安心に努め、人々の健康と生活文化の向上に寄与し、社会に貢献する企業を目指します（大日本明治精糖）。**

出所：各社 Web サイトより抜粋（2015 年 12 月時点）

が多い。これが共通項のようにも見える。これら企業の多くは、明治期から創業しており、その社是や経営理念は、何回かの改訂を経ているものの、その基調的な精神は、変化せずに受け継いでいると考えられる。

一方、渋沢系企業でない、一般の他企業の経営理念の場合、創業者がまだ経営に携わり、その創業者のメッセージや思いがあることが前提ともなっており、概して、何を目指し、何を事業とする会社なのか、その心が読みにくい。

渋沢系企業の経営理念の構図として、「自社の社会での役目とは何か」と「事業を通じた価値の創造」を明示するスタイルが多いという特徴がある。つまり、単に事業を行うのではなく、理想とする未来を描き、そこにベクトルを向けて、全社挙げて事業をなす。渋沢が唱えていた「道徳経済合一説」の精神がここに眠っている。

また、渋沢系企業の経営理念に「豊かな社会」という言葉も挙がっている。これには、おそらく渋沢の経験が含まれていると思われる。

渋沢が欧米諸国を周った時の日記である『航西日記』に、以下の文章がある。

「やせた土地の民は勤勉で剛健、事があればすぐに武器をとって起つ。富国強兵の基礎である。肥沃の民は遊惰で柔弱で、戦場に起つことをきらう。亡国の原因をなすものである」

当時の世界では、弱い国は強い国の属国となる。西洋諸国の属国になっていたアジア・中東諸国での民の生活は貧しいものとなっていた。そこで、日本と欧米諸国の間の社会・技術の格差を埋めるべく、日本が進むべき道を模索した。ビジネスという形で社会を変える、資本を結集することで新たな事業を興すという、資本主義という枠組みを提案するに至る。日本が、産業の強い国となることで、諸国からの征服を防ぐこともできると考えたようだ。

日本国内外の大きな社会構造の変革を見てきた渋沢である。だからこそ、日本の「幸せ＝豊かな」な社会とは何かということを、たえず問い続け、行動していたに違いない。それが、道徳経済合一説となり、企業の心として根づいているに違いない。

4．企業家が心がけるべき社会貢献マインド

渋沢は、企業だけでなく、多くの慈善事業団体の設立や運営にも関係した。第4章の図表4－1で示したように、「教育・学術」に次いで、「社会事業・福祉」分野への寄付金割合が大きいことがわかる。島田（2003）にもとづき、事前関連団体と寄付金関連を整理、集計してみたところ、かかわった団体は387団体、寄付金額は今の価値換算で37億円となった。

なぜ、渋沢は、ビジネスの分野で活躍しながら、併せて社会事業にもこれほど積極的に取り組んだのだろうか。渋沢は、企業家が社会事業に尽くすべき理由をこう述べている。

「自分のかく分限者《ぶげんしゃ》（筆者注：資産家）になれたのも、一つは社会の恩だということを自覚し、社会の救済だとか、公共事業だとかいうものに対し、常に率先して尽くすようにすれば、社会はますます健全になる」

明治の日本開国期に、欧米諸国と日本との格差を目の当たりにしたことで、日本の豊かな社会を思い描き、それに向かって突き進んでいた様子がうかがえる。その実現方法には、株式会社や慈善団体といった形態の違いにこだわりがなかったのかもしれない。

豊かな社会に向かいながら、いつの時代であっても、社会における課題というのは存在する。昨今の日本では、経済的に豊かになったにもかかわらず、多くの社会的弱者も存在している。その社会的課題の解決には、国や自治体、ＮＰＯやＮＧＯなどの社会活動団体や、企業家による社会貢献、あるいは事業本体を通じた課題解決といったことが求められる。

現在、この社会的活動の評価軸にもなるものとして「渋沢栄一賞」がある（図表６－３）。これは、渋沢の出身地である埼玉県深谷市が２００２（平成14）年より始めた企業家向けの表彰制度である。渋沢の精神を受け継ぐような企業活動と社会貢献を行っている企業家を評価する。

渋沢の説いた道徳経済合一説は、簡単にいえば「儲けた収益を、社会に還元する」ことである。これは、理屈はわかるものの、実際に経営者として行動するとなると、案外難しい話となる。

たとえば、税金などの企業運営に直接関係のない費用を組織外へ支出すると、自分の血肉を取られるような気がしてしまう。そのため、いろいろな節税対策にニーズがあるのも事実である。それを痛みとして感じなくなるには、意識変革や心の修行が必要である。これは、企業家の「悟り」というか、「無の境地」に近いものがある。

企業の収益は、顧客から信頼して商品やサービスを利用してもらうという意味で、社会からの感謝の表れとも見なせる。物理学における力の作用・反作用のように、企業が良いことをすれば、それが返ってくる。その際、企業

図表6-3　渋沢栄一賞の表彰条件

渋沢栄一の精神を受け継ぐような企業活動と社会貢献を行っている、地域に根差した企業の経営者です。
具体的には、以下の（1）及び（2）に該当する企業経営者です。

（1）企業倫理に則り健全かつ優れた経営を行っている
例としては、以下のものが挙げられます。
・社会の新しい課題へ対応する企業活動
・特徴のある企業活動
・豊かな社会を実現するための先駆的な企業活動など

（2）経営者個人としてあるいは企業として、社会貢献や地域貢献を行っている
例としては、以下のものが挙げられます。
・奨学金支給、障がい者の雇用拡大
・環境保全活動、文化事業等への継続的支援
・国際貢献活動など

出所：渋沢栄一賞のWebサイトより抜粋（2015年12月時点）

活動では、工場による環境汚染など、ネガティブな力も生じてしまうこともある。このネガティブな力を打ち消す、補うために、植林や環境保全などの社会貢献を行う。企業の社会におけるポジティブとネガティブのバランスをとりながら企業の社会性を高めていく必要がある。

豊かな社会というのは、社会で活動するそれぞれの企業の行動の総和でもある。しかし、現代の日本は、目標なく迷走している状態である。そんな時代において、次の時代をどう創っていくか？　渋沢が説いていた道徳経済合一説の意識が、企業家らに広がれば、社会は何か変わるはずである。

今、企業家らには、道徳経済合一説を意識したうえでの行動が求められている。

【第7章】渋沢栄一と神宮創建・永遠の杜

1．表参道から明治神宮人工林へ

東京の表参道交差点脇に石灯籠が立つ。そこから北に向かうケヤキ並木道には、高級ブランドショップが建ち並ぶ。グッチ、コーチ、フェンディ、セリーヌ、バーバリー、ルイ・ヴィトン、シャネルなどの店舗があたかも「門前市を成す」の観を呈している。春にはケヤキ並木を女子ランナーたちが駆け抜け、秋には外苑イチョウ並木を恋人たちが散歩している。

その石灯籠からJR原宿駅手前の神宮前交差点までを表参道と言い、ここの交差点から1・1キロほど歩くと五輪橋がある。五輪橋を渡りまっすぐ進むと代々木公園、右に向かうと明治神宮となる。それから大鳥居をくぐり南参道の緩やかな下り坂を進む。両脇には常緑広葉樹の高木とその枝が頭上を覆い、それまでの光景とは一変する。玉砂利の音と合わせて厳かな雰囲気に次第につつまれ、やがて御社殿前に出る。

明治神宮が生物調査チーム１４６人に委託した「鎮座百年記念第二次明治神宮境内総合調査報告書」（２０１３年）によると、境内で確認された樹木は3万６３２２本。樹種はマツなどの針葉樹１７６４本、ケヤキなどの落葉広葉樹８３６６本、シイやカシなどの常緑広葉樹2万６１９２本に上った。またタヌキ、アオダイショウ、メダカなどからカワセミやオオタカなどの野鳥など２８４０種の生き物が、東京ドーム15個分の「鎮守の杜」に生息するという。

高層ビルに囲まれて浮かんでいるような約70ヘクタールの自然豊かな森は、明治神宮の内苑であり、ここから北参道を経てＪＲ中央線に沿って通称・裏参道を東に行くと外苑となる。いま外苑では、２０２０年の東京オリンピック・パラリンピックのメイン会場建設に向けた工事が始まろうとしている。祈りと生命の森である「内苑」と文化・スポーツ施設の「外苑」、それらをつなぐ「参道」の3つの「場」から明治神宮は成り立つ。

神宮造営とは「複合的な空間からなる『場』の創造行為に他な

表参道
筆者撮影（2016 年 2 月 16 日）

明治神宮御社殿
筆者撮影（2016 年 2 月 16 日）

のか？

らない」と今泉（２０１３）は指摘する。いったい造営を通じて生まれ育ったものは何だった

時はほぼ１００年前にさかのぼる。

初詣に３００万人、また年間では１０００万人もの参拝者が訪れる明治神宮は、明治天皇とその后・昭憲皇后を祀る神社として１９２０（大正９）年11月に創建された。その造営運動の先頭に立った人物の一人が渋沢である。

渋沢は多くの企業や団体の創設者としても知られるが、１９０４（明治37）年64歳の時に、当時関連していた事業80余のうち約半数の役職を辞任し、１９０９（明治42）年には第一銀行と東京貯蓄銀行を除いてすべての役職から身を退いた。外交や社会政策に余生を捧げようとの覚悟だったのだろう。

そのきっかけとなったのは、１９０２（明治35）年の2度目の欧米旅行だった。そこで日本人の商業道徳の低さを痛感したと、『論語と算盤』の中にこんな言葉を残している（現代語に翻訳）。

「米国、英国でも日本の商業道徳ということについては非難の声を聞きました」

「資本というものは低い所に流れる性質をもっているものである」

「商業道徳ということは資本そのものに対して、とくに関係の強いものであるということを

忘れてはなりません」

サンフランシスコの金門公園プールで「日本人泳ぐべからず」との掛札（表示板）をみた渋沢の衝撃は大きかったろう。その後、ワシントンで面会したルーズベルト大統領に「私は商工業が（軍事と美術だけでなく）第三の日本の長所たるようになりたいと、しきりに苦心しています」と話しかけている。

日本が幕末からの懸案であった不平等条約の改正に成功したのは、それから9年後の１９１１（明治44）年であった。

2. 渋沢栄一先頭に民間有志による神社創建運動

１９１２（大正元）年7月30日に明治天皇崩御。その2日後の8月1日、72歳の渋沢は娘婿の阪谷芳郎・東京市長と東京商業会議所にいた。すでに阪谷のもとには、麹町区や日本橋区などの区会関係者が陳情に訪れていたし、東京市議会の陵墓選定決議も上がっていた。しかし陳情方策をめぐる協議は、その日、あっけなく終わる。宮内省から御大葬は東京・青山練兵場で行うが、御陵は先帝のご遺志で京都・旧桃山城址に内定していると告げられたからだ。

それでは仕方がない。「先帝の御遺物御記念を東京の真ん中に作ることはできないか」。

8月2日に再び会議所に集まったのは、渋沢、阪谷のほか財界関係者有志だった。そして首相や宮内大臣などに神社創建の請願に日参する日々が続く。

8月9日。東京商業会議所には渋沢らの呼びかけにより経済界、政界、東京市・各区会代表者など140名が参集し、神社創建のため、渋沢を委員長とする「有志委員会」を発足させた。阪谷らは特別委員に指名された。そして20日の委員会では最初の明治神宮計画案に関わる「覚書」が満場一致で可決された。何ともすばやい動きである。

それは8日に渋沢が渡邉宮内大臣を訪ねたところ、神社創建の実行方法を「覚書」にまとめ、参考提示されたいとの提示があったことによる。この「明治神宮建設ニ関スル覚書」には、次のような一文（現代語に翻訳）が記されていた。

> 神宮は内苑外苑の地域を定め、内苑は国費をもって、外苑は献費をもってご造営のことに定められたい。神宮内苑は代々木御料地、外苑は青山旧練兵場をもって、最も適当の地と判断する。ただし、内苑外苑間の道路は外苑の範囲に属するものとする。

この時点で、すでに今日の明治神宮の内苑と外苑の基本構図が描かれていた。そして、内苑は国費でまかなうが、外苑に関しては、民間から献金を集めたうえ、設計から予算策定までの実行責任を民間団体「奉賛会」を組織して行うことを提言しているのである。

こうした動きは当時の新聞にも大々的に報道され、御大葬後には鎮座地をめぐって世論も盛り上がった。すでに1913（大正2）年3月までには、渋沢ら有志委員会メンバーの陳情や政財界、東京市関係者を挙げての活動により、貴族院・衆議院両院でも神宮建設に関する請願・建議が満場一致で可決されていた。これらの活動で同年10月には閣議決定が行われた。

こうして内務大臣の監督による「神社奉祝調査会」（以下、調査会）が発足することになり、祭神や鎮座地、祭神、社名・社格、例祭日、神宝、社殿・宝物殿から境内、参道など造営に関わるあらゆる決定が、この調査会にゆだねられることになった。

むろん渋沢と阪谷も委員に任命されたが、特に阪谷は、調査会が学術的調査にもとづいた審議を行うため、学識経験者・専門家で構成された特別委員会委員長に選出され、帝都の神宮創建に向けて議論をリードしていくのである。

調査会が最初に難航したのは、鎮座地をどこにするかの議論であった。政府に提出された請願39件の内訳は、筑波山、箱根山、宝登山・飯能朝日山（いずれも埼玉県）、富士山などであり、自然の豊かな場所が多かった。第2回調査会の席上、委員の渋沢は「景勝の地」にするか「縁故主義」で選ぶのかと提唱し、この発言を踏まえて委員の一人が「明治天皇の御徳を万古に欽仰するには参拝者が訪ねやすい場所を」と主張、またもう一人も「景勝地ではなく、むしろ人為で数百年後に向けた神聖な森をつくってはどうか」と述べている。

こうして渋沢や賛同者の発言を得て、1914（大正3）年7月の調査会総会で東京鎮座が決まった。東京府下北多摩郡代々幡村大字代々木の南豊島御料地である。しかしここは、隣接する練兵場の砂埃や東京市電気局運営の渋谷発電所の煙害などが懸念され、7月末には境内に移植すべき樹木の実地調査も行われることになった。はたして大都市の中心地に「天然の如き森」をつくることができるのか。

3. 先端知識・技術の導入と全国運動

この問題を解きつつ、今日の「天然の如き森」実現に導いたのは、①先端の学知と技術を導入したこと、②人工造林造成の人的・経済的困難を軽減するための全国規模の運動が展開されたこと、この2点であると指摘されている（今泉、2010）。

まず第1点についてだが、1914（大正3）年10月時点の調査会では、「境内社殿の周囲、参道の両側40間は、特に杉・檜を植樹」となっていた。

このとき、密かに境内設計の腹案を練っていた委員がいた。特別委員の本多静六（東大教授：林学）である。本多は大学講師の本郷高徳や学生の上原敬二らに声をかけ、学内の林学教室でたびたび設計協議を始めていた。本多は１８９０（明治23）年ドイツに留学し、１９１２（大正元）年には日本森林帯論を発表するなど、当時、先端の林学・造園学の専門家だった。彼らの結論は、境内の庭園以外は「人手を加えなくても永久に林相が維持される」常緑広葉樹を植えるという計画だった。

上原（１９７１）は、「本多は、理想案と称して現場にこだわることなく、路線をやみくもに引きまわし、独自の設計図を作成していた。それを本郷講師の意見をもとにして修正しながら図の修正を行うのが筆者の仕事であった」と述懐している。

そんな本多だったが、首相兼調査会会長の大隈重信から「カシ、シイの如き雑木は不満」「もっと森厳、幽邃の森にはできないものか」と迫られたのには困り果てたようだ。本多は上原に、「常緑樹でなければ樹林を永久に維持し得ないことを説明しても、大臣は聞き入れない」とこぼし、「現に存在しているスギが手本である」と反問されたと打ち明けた。「土地が不良なら土を入れ替えよ。現に候補地には杉並木もあるではないか」と、大隈は反論の手を緩めなかったという。上原もいくつかアイデアを述べたが、なかなかよい案が浮かばない。そのうち、上原の頭にふと浮かんだのが「樹幹解析法」であったという。

この解析法とは、代々木と日光のスギを伐採し、幹の縦断面から樹齢、樹高、直径等の平均値を求めて図面に表示して比較する方法であった。図面には、明らかに東京の樹木の生育が10

%～20％劣ることが示されていた。本多はこの図面を大隈に説明し、こう言ったという。「不良成長スギを用い、結果が思わしくない場合、大臣はどういう責任をとられますか」説得に成功した瞬間である。

4．ドイツ森林美学を応用・実践

のちに本郷高徳がまとめた『明治神宮御境内林苑計画』（図表7－1）をみると、植栽から約150年前後という超長期で天然林相が遷移することが示されている。

①第1段階：造営時の一時的状態とする。現状の樹木を利用しつつ大きなマツをもとに上冠木を形成し、その間に成長の早いヒノキ・スギ等の針葉樹を植え、下層に将来の主林木となるカシ・シイ・クスノキ等の常緑樹を配し灌木類を下木とする。

②第2段階：ヒノキ等の針葉樹がマツを圧倒し、数十年後に最上部を支配する。

③第3段階：カシ・シイ・クスノキなどの常緑広葉樹が成長し、支配木となる。これらの樹間にスギ、ヒノキ等の大木が混生する。

④第4段階：植生遷移の最終段階になる。林内は鬱蒼とし、日光をめぐる生存競争の結果、カシ・シイ・クスノキがさらに成長して針葉樹は消滅する。その土地に適した天然林相の

極相林の状態となる。

上原（1971）は「われわれ林苑関係のものは強い信念としてこの方針を強行することを誓ったものである」と記している。また、藤田・青井・畔上・今泉（2015）は、この「林苑計画」の現代的意義として、「ドイツで森林美学を発展させた研究者たちの理論の応用と実践に他ならない」だけでなく、日本における森林美学が「明治神宮を通して総合的に実践され、造園学へと昇華していった」ことを意味していると記している。

しかし当時、この計画はもう一つの難関を突破しなければならなかった。

明治神宮の造営費は、1914（大正3）年12月議会において国費345万円で進められることになっていたが、すでに同年8月、日本は英国の要請を受けてドイツに宣戦布告し、4年

図表7-1　永遠の杜予想図

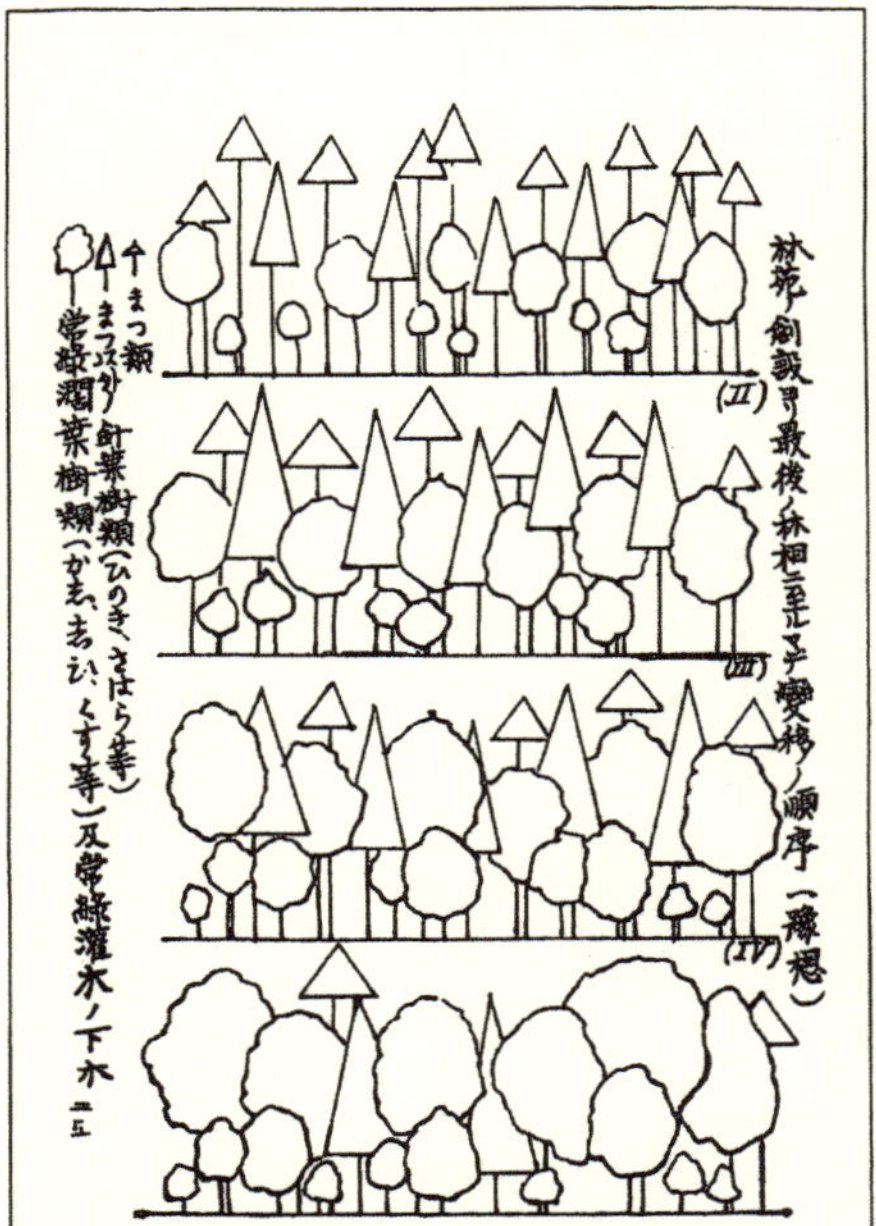

出所：明治神宮御境内林苑計画明治神宮造営局技師・本郷高徳（1921年）

間の第1次大戦に突入していた。この戦争期間中、日本は連合国などからの軍需品の注文増大を受けて大戦景気に沸く一方、急激にインフレーションが進んだ。造営費も例外ではない。追加予算を組み総予算521万円に拡大しても不足する事態を迎えることになったのである。

5．難題に立ち向かう人々のネットワーク

しかも驚くことに、予算項目に樹木購入費が掲示されていない（上原、1971）という大問題もあった。植樹のためには一般から樹木を献納してもらうしかない。1915（大正4）年4月、明治神宮造営局が調査会決議にもとづき、全国度道府県に通知して献木希望者からの受付を開始すると、献木申込みが殺到するのである。献木搬入が盛んであった1917～18（大正6～7）年にかけて、原宿駅引き込み線には、搬入木を積み込んだ貨車が一日30台以上も到着していたという。

さらに問題がわき起こった。工員の賃金支払が困難になる事情をどう回避するかという問題である。1918（大正7）年10月、造営局総務課長の田澤義舗は、造営局長に全国の青年団による「造営奉仕」を提案する。この提案は、田澤が静岡県安倍郡長時代の1914（大正3）年3月、静岡市外で行った「安倍郡修養講習会」での経験を踏まえたものだった。田澤は

地方の有為の青年たちの宿泊リーダー研修を通じて「中堅青年」の人材育成を図っていきたいという思いを持っていたのである。

１９１９（大正８）年10月。試行的な試みとして、この安倍郡有度村青年団50人が10日間の労力奉仕に参加。その成果を評価した造営局は、全国から造営奉仕団の募集を計画し、これに応募した団体は総計２０９団体、延べ11万人に上ったという。内苑工事だけでなく、外苑工事だけでも１０８団体約４万３０００人が参加したといわれる。

渋沢から娘婿の阪谷に渡されたバトンは、いま田澤に渡された。バトンは造営局総務課長として静岡を去った田澤が、修養団講習が開かれると聞くと、休暇を取っては青年たちの講習に駆けつけたことで静岡につながり、さらに「50人の第一陣奉仕団に続け」とばかりに全国へと広がっていったのである。

一方渋沢は、調査会の大勢が決した１９１４（大正３）年11月に神宮奉賛有志委員会を組織し、翌12月に明治神宮奉賛会創立準備委員会を立ち上げ委員長になる。

明治神宮の森
筆者撮影（2016 年 2 月 16 日）

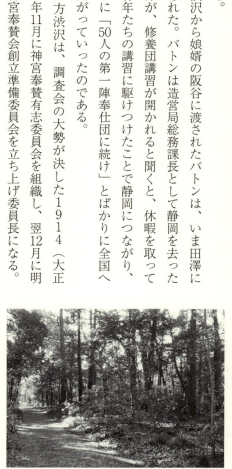

そして1915（大正4）年9月には総裁・伏見宮貞愛親王殿下、副会長に渋沢と阪谷が就任して明治神宮奉賛会が正式に発足する。外苑造営は民間の手で、という渋沢の願いを引き継いだ阪谷は1937（昭和12）年の奉賛会解散までその運営に携わった。外苑事業費収支は、御下賜金30万円、内外700万人からの寄付金703万円、諸収入460万円の総計1193万円。支出は1188万円だった。

渋沢は、彼を慕う人々が設立した竜門社（現在の渋沢栄一記念財団）を通じて、時代の担い手育成に努めた。また明治神宮創建運動のような社会運動を通じても、人々の時を超えたネットワークや、人々と自然とのWWW（ワールド・ワイド・ウェブ）のようなつながりを形成した。そして「いま何をすべきか」と、そのスピリットを伝え続けているのではないだろうか。

Ⅰ　渋沢栄一の生き方に学ぶ

【第8章】　ドラッカーが見た渋沢栄一の魅力

1．ピーター・ドラッカーと渋沢栄一の出会い

「率直にいって私は、経営の『社会的責任』について論じた歴史的人物の中で、かの偉大な明治を築いた優れた人物の一人である渋沢の右に出るものを知らない。彼は世界の誰よりも早く、経営の本質は『責任』にほかならないということを見抜いていたのである」

これは、社会生態学者ピーター・ドラッカー（１９０９～２００５）が、「日本資本主義の父」と称される渋沢（１８４０～１９３１）について、大書『マネジメント』で言及したものである。

自分自身、深く尊敬し、最高の実業家と評価した渋沢をドラッカーは、いつ、どの時点で知るに至ったのか。ドラッカーを通して渋沢との出会い、そして二人が共鳴し合うものに迫りたい。

ドラッカーは、上記の記述以外にも「渋沢栄一こそが、古いものと新しいものを合成して成功した明治という時代を象徴する人物であり、最も尊敬する人物の一人である」と数々の著書の中で明かしている。なぜこれほどまでに彼は渋沢の虜になったのか。そこには、渋沢の社会に対する見方、考え方において真に共鳴するものを感じ取ったからであろう。それは、社会において、組織が、そして人が活動するうえでの普遍性のようなものかもしれない。

ドラッカーが、日本に興味を持ち、日本の歴史や文化の勉強を始めたのは、20代後半から30歳にかけての頃である。その過程で渋沢を知ることとなるが、その時、すでに渋沢はこの世にはいない。つまり、渋沢とドラッカーは、20年間ほどの時代の時間は共有しているが、二人は生前に実際に会話をしたこともなければ、会ったこともない。

それではドラッカーが渋沢を知るに至った経緯を話す前に、その人物と、彼が持つ正統保守主義という思想（歴史の重視と現存素材の活用）について解説したい。なぜならドラッカー自身が持つ、この思想のツボに「論語」大好き人間である渋沢がぴったりとはまったからある。

ドラッカーは、1909年にハンガリー・オーストリア帝国の主都ウィーンに生まれる。父は政府高官、母はオーストリア初の女性医師という家庭で幼少期を過ごした。知的で上流の裕福な家庭であった。毎日のように知的なサロンが自宅の2階で催され、その中には、経済学者のシュンペーターやハイエク、のちのチェコの初代大統領マサリクや心理学者フロイトなどがいた。幼少期のドラッカーはサロンに集まった彼らの知的な会話を聴きながら過ごした。しかし、サロンでの穏やかな雰囲気が一変する事件が、ドラッカー、５歳の時、１９１４年に起きた。フランツ・フェルディナント皇太子夫妻がサラエボで撃たれ、それが引き金となり第１次世界大戦が勃発したのである。

当初は半年くらいで終わると思われていた戦争は意外にも４年間におよんだ。戦争による建物の破壊と戦況の長期化も予想を超えるものだったが、それ以上に悲惨だったのは、その頃から科学技術が発達し、殺傷力が以前とは比較にならない兵器が出てきたことである。欧州の文明は破壊され、４年間で４０００万人もの人が死んでいった。復興に必要な有能な人材を亡くしたことが、文明が壊れる以上の痛手だったとドラッカーはのちに回想している。

母国ハンガリー・オーストリア帝国は戦いに敗れて、開戦前には６０００万人もいた人口は分割され、首都ウィーンが

ピーター・ドラッカーと生家（オーストリア・ウィーン）

出所：井坂康志提供

あるオーストリアは600万人程度の小国になっていった。ここに650年間におよぶ栄華を誇ったハプスブルク家は崩壊したのである。

ドラッカーの幼少期から青年期は、戦争による破壊と殺戮のイメージが強かったようだ。一日も早くウィーンを出たかった本人は、著書の中で「当時のウィーンは閉塞感で息が詰まった」と言及している。

彼は、17歳で単身、ドイツに移り住んだ。ハンブルクで事務見習いとして商社に就職しながらハンブルク大学法学部にも席を置いた。この時期にドラッカーは、生涯の思想の基盤となる保守主義の考えを知ることになる。フランス革命を否定し、「近代保守主義の祖」といわれるエドマンド・バーク（1729～1797）の考えに心を揺さぶられる。

バークの思想は、過去のすべてを否定して新しいものを創っていくのではなく、これまでつちかった良いものは残しながら、それを上手く活用し、そして新しいものを築いていくという考えである。東洋的に表現すれば、温故知新、不易流行の考え方である。逆にフランス革命や中国の文化大革命などを否定している。これらは、どちらもイズムの世界であり、過去のすべてを否定する社会革命であり、社会も人も幸せになれないと言っている。歴史がつちかってきた善き慣習を守り、それを基盤に新しき変革をすすめる、正統保守主義の思想が固まったのが20歳前後のこの時期だったようだ。そして、ドラッカーは生涯、この思想を貫き通すことになる。

その後、フランクフルトに移り地元有力誌の経済記者を務めながら、保守主義に関する執筆活動を始める。このころ、ドイツではナチスが台頭してきた。ドラッカーは、ナチスがまだ目立たない頃から、ヒトラーやゲッベルスとの直接インタビューを複数回試みている。

ヒトラーは本物であり、本気で社会を変えようとしていること、しかもきわめて悪い方向に、社会も人も不幸になる方向に進むことを上司に進言した。しかし、上司は「田舎から出てきた、あんな、ちょび髭の男に何ができるか」と言って、ドラッカーの進言を笑って退けたのである。まだその頃のナチスは第5党程度の存在であったが、その後、ドラッカーの予想どおりにナチスが政権を取り、ドラッカーは居たたまれなくなってドイツを脱出、1934年にロンドンに移住したのである。

ロンドンのシティで、マーチャントバンクのフリードバーグ商会にアナリストとして就職した。この年のとある午後、帰宅途中にロンドン名物のにわか雨にあった。たまたま雨宿りで入った画廊で日本画展と遭遇した。そこで見た日本の水墨画に心を鷲づかみされるのである。そこには理性では理解できない、感性の世界を感じたとドラッカーは話している。この偶然の出会いがのちに水墨画の個展を開くほどの日本通になっていく。

これをきっかけにしてドラッカーは日本の文化、歴史を勉強し、日本の本質を理解していった。特に明治維新という世界に類をみない革命があったことを知り、驚愕する。それは、まさに正統保守主義の考えを持った革命だったからである。西洋の文明を取り入れながらも、日本を西洋化しない。むしろ、西洋の日本化をしていく明治時代に共鳴した。渋沢流にいうならば「和魂洋才」である。しかし、欧米以外の国でそれをやってのけたのは日本だけだった。インドも中国もすべてを西洋化していくが、ことごとく失敗する。そんな日本の明治維新後の国づくりの中心人物として、渋沢を知ることになる。

2. ドラッカーが共鳴した渋沢栄一の社会観

渋沢の精神的支柱となった基盤は、第2章などでも既述してきたように、孔子の『論語』が中心にあった。渋沢自身も「私は青年時代より儒教に依って立ち、論語は私にとってバイブルである。何人もその人生を見るに、孔子の心をもって心とすれば過誤はない」(『渋沢百訓』)と言及している。この思想基盤は、渋沢、7歳の頃より隣村の従兄、尾高惇忠に学んだことが大きく影響している。

さらに、人の道として「およそ人たる者は、確固たる信仰を持たなければ人たるの意義を失うの他ならず、事業上の成功を期すること……」とつぶやく。渋沢にとって、論語は確固たる信仰の対象であった。論語に対する信仰心があればこそ、常人の10倍以上の業績を残せたのであろう。

もともと理不尽なことを嫌う性格であった渋沢にとって「論語」は人生における倫理的行動基準そのものであった。世のため人のためになって初めて自分の存在意義があることを自覚する。また常に自分を見つめ直すことも怠らない。今、自分は何をしなければならないか、何のために今ここにいるのか、自分にとって今とは何か、を自問自答する。ドラッカーがいう「何をもって憶えられたいか」を実践した人でもあり、学問を学ぶことは、実践のためにあり、実践されて初めて意味あるものになることを自覚している。

「論語」を学者の研究対象から解き放ち、日常に役立つ教えとして捉えているところに渋沢の真骨頂がある。陽明学でいう「知行合一」の世界である。ドラッカーの「マネジメント」も成果にこだわる。知識を頭に詰め込んだら、実践が不可欠なのである。実践し成果を求めることでも、二人の思想は一致している。

ドラッカーは、渋沢の社会観にも深く共鳴した。代表的なものとして２つ紹介する。

一つは「社会的責任」の捉え方であり、もう一つは「人材育成」に対する考え方である。

一つ目の社会的責任、今でいうＣＳＲに関して、二人の定義は一致している。企業が社会に与える悪い影響はゼロに近づけ、自分の強みを生かして社会の課題に貢献していくことである。単に定義が同じだけではない。CSRがすべての行動基準、意思決定の中にすでに溶け混み、企業の事業活動から切り離せない状態、活動そのものになっていることである。化学用語でいう「凝集」状態である。渋沢の「論語と算盤」もドラッカーの「マネジメント」も、CSRが組織体の中に拡散凝集しているのである。

二人とも、特別にCSRをやろうとか、CSRは社会の信用を取るために必要だとか、リスク管理に不可欠だとか、企業の評判を守ったり、信用を取ったりするためなどと、特別に意識してやるのものではないことで一致している。企業の活動は社会をより良くしていくためにあることを当たり前と捉えている。企業は、社会の中で生かされている存在であり、社会の資源をお借りして事業をさせてもらっている存在ということを自覚している。謙虚な考え方である。経済は社会のためにあることを共通の社会観として持っているのである。まさに「公心」が社会活動の基盤となっている。

特筆すべきは、あれほど多くの会社を興しながらも、渋沢は財閥を創ろうとしなかった。三菱を興した岩崎弥太郎からの誘いも、三菱の社規（経営理念）を見ただけで、一緒に組んで日本経済を牛耳ろうという岩崎の要請をきっぱりと断っている。経営トップがすべてを決めていくやり方を嫌い、資本を出し合って合議で物事を決めて、責任も全員で取る、合本主義を貫き通した。財閥をつくり利益を独占するのではなく、広く世に富を分配することの大切さを知っていた。仏教的にいうならば「自利」ではなく「利他」の精神、慈悲の精神である。企業の目的はよりよい社会をつくるという認識を生涯持ち続けた。

２つ目の人材育成に関しては、強みを生かすことに軸足を置いている。これは渋沢に特有のものではない。維新後の明治新政府も、新しい国つくりのためなら旧幕府出身であろうが能力あるものは要職に採用している。

維新後に渋沢自身、君主だった徳川慶喜の後を追って、静岡に移り住んでいたが、時の大蔵大輔をしていた大隈重信の心憎い説得にあう。「日本全体のために才能を生かしてほしい」「今は日本の八百万の神々が国づくりをしている状態だ。君も八百万の神の一柱だ」と言われ、意固地は消え去り、快く改革の中心へと入っていく。自ら新政府の改正掛の長として、能力を優先して人材を集めていく。郵便制度を立案した前島密《ひそか》をはじめとし、かつての徳川幕府の家臣たちも加わっていった。改正掛は明治の変革の特徴といわれるほど、人材の宝庫となり、重要な施策を次々と企画していった。とにかく今あるもの、今いるものを最大限に活用していくのである。ドラッカーが尊敬するエドマンド・バーク流にいうならば、「現存素材の最大活用」である。

ドラッカーは、自身もマネジメントの役割の一つとして、強みを生かした人材育成を上げている。適所適材と従業員の成長を後押しするサポートがモチベーションを向上させることだと強調している。社会と人を幸せにするにはどうしたらよいかからスタートしている点では、ドラッカーと渋沢に相通じるところがあるようだ。

3．ドラッカーと渋沢栄一に共通する経済発展思考

ドラッカーは、一国の経済発展について、1968年に執筆した『断絶の時代』の「途上国の貧困」と題した章の中で、岩崎と渋沢を取り上げて詳しく述べている。特に二人の存在について、次のように絶賛している。

「岩崎弥太郎と渋沢栄一の名は、日本の外では、わずかの日本研究家が知るだけである。だが彼らの偉業は、ロスチャイルド、モルガン、クルップ、ロックフェラーをしのぐ。岩崎は、日本最大、世界最大級の企業集団三菱をつくった。渋沢は、その90年の生涯において500を超える会社をつくった。この二人が当時の製造業の過半をつくった。彼ら二人ほど大きな存在は他の国にはなかった」と著している。

明治期における日本の比類の経済発展は確かにこの二人の経営手腕が大きく影響した。ドラッカーは次のように分析している。「岩崎も渋沢も豊かな日本ではなく、創造力のある強い日本を創ろうとした。いずれも経済発展の本質は貧しい人たちを豊かにすることではなく、貧し

い人たちの生産性を高めることであることを知っていた」とも言及している。

つまり、貧しい人に魚を与えるだけでは、いつか枯渇する。しかし、「魚の釣り方」を教えれば枯渇することはないという考え方である。実に興味深いドラッカーの分析である。岩崎流に資金を集め、渋沢流に人材を育成していくことこそが働く人たちの生産性を上げ、結果として社会が豊かになるのである。

ドラッカーの分析は、近年の途上国への資金援助の失敗からも正しいことが証明されている。一国の貧困は資金援助だけでは救えない。先進国からの援助は経済発展のカンフル剤となるどころか、発展の阻害要因になる。支援を受ける側が経済発展の本質を知らない限り豊かにはなれない。

日本が非白人国家でありながら、20世紀の初めに先進国入りできたのは、渋沢が説いた人材育成重視が、史上例のない識字率と人材形成をもたらしたことが大きい。つまり、資金を使う受け皿である人材がいたからこそ、日本は短期間での近代化に成功したのである。一国の繁栄には資金形成と人材開発の2本柱が必要なのである。ドラッカー流にいうならば、資金の増殖と人材の増殖の双方が必要不可欠なのである。１００年以上も前に、このことを知っていた明治の偉人たちにドラッカーは驚いた。そして、その代表が渋沢だったのである。

現代においては、資金が増殖する投資銀行は成長し、自分たちの仕事は投資の機会とニーズを生み出すこと、知識と想像力を使うこと、富を持つことではなく富を作り出すことだとの理解は深まっている。しかし、人材の育成が遅れている。この人材育成こそが現代においても生産性を上げられないボトルネックとなっている。

ドラッカーは、人材育成について、次のように言及している。「金がなくとも人がいれば山は動かせるが、人がいなければ金があっても役に立たない」。さらに、「経済発展のためには、人材の育成とその機会への登用が不可欠である」。そして、「今日、渋沢のような人物が見当たらない。しかし我々は彼が100年前に行ったことを組織の力で行うことが可能である」。

経済発展は人のエネルギーとビジョンに働きかける企業活動だとドラッカーは説いている。そして、人材育成のための最高の機関はグローバル企業であり、マネジメントを基盤として事業を育て、人材を育成することを要求している。

本書の第6章で言及した社会貢献活動家でもある渋沢については、こんなエピソードがある。

王子の別宅近くを散歩していた時、ホームレスたちがお金欲しさに渋沢に寄ってきた。まわりで見ていた民衆は、渋沢がどれくらいのお金を渡すのかを興味深く見ていた。その時、渋沢が口にした言葉に民衆は驚いた。渋沢は、ホームレスたちに向かって「働け！働け！額に汗して働きなさい！」と一喝したのだ。それは渋沢の魂の叫びだった。働けるものが援助に頼っていては、社会は成り立たない。一人ひとりが自分の強みを見つけて社会に貢献したとき、社会も本人も豊かになることを渋沢は知っていた。

ドラッカーもまた、一人ひとりがマネジメントを身につけて、企業・組織の発展に寄与することが、社会の繁栄につながり、引いては自分に跳ね返ってくると言っている。つまり、国民一人ひとりの意欲こそが、経済発展に不可欠である。必要なのは金よりもビジョンである。問題、絶望、惰性ではなく機会、活力、目的意識であると説いている。

4．ドラッカーの「マネジメント」と「論語と算盤」

論語は人間学であり、「人間がよりよく生きるにはどうしたらよいか」「より心豊かに生きるにはどうしたらよいか」を説いたものである。渋沢は、この論語を生涯の行動の指針として、資本主義を日本において定着・発展させたのである。江戸時代の身分制度の中で蔓延していた官尊民卑の打破は、渋沢のライフワークでもあった。

ドラッカーのマネジメントも人間学である。社会が発展し、人を幸せにするために何が必要かを説いたものである。成果を上げるための手段として体系化されているが、論語と同じように思想書としての位置づけが的確である。

二人の思想は、どちらも人権からスタートしている点で一致している。経済活動は社会を豊かにして、一人ひとりの人間を幸せにするための手段である。目的は社会である。経済よりも社会が大切なのである。健全な社会なくして、まともな経済活動はできない。これは、二人の共通した社会観であった。

ドラッカーは、「社会は人間の外皮である」と言及している。社会と人間は一体化していることを強く訴えている。社会を意識しない経営は、社会を皮膚病化させ、いずれ自らの事業活動を苦しめることになる。こうならないために何が必要かを二人は知っていたのである。それはまさに「公心」であった。

Ⅱ

渋沢栄一の実践事例に学ぶ

【第9章】 実業が国の本《もと》／東京商工会議所

1．渋沢栄一と商工会議所

商工会議所は世界各地に置かれているが、その最初は16世紀に設立されたフランス・マルセイユ商業会議所といわれている。商工業の発展のため、商工業者の意見集約や利益擁護がその主たる目的であることは世界の商工会議所共通のミッションである。

現在、日本には514の商工会議所があるが（2016年1月現在）、わが国で最初の商工会議所は渋沢が東京において創設したものであり、その後、全国各地にて設立された。

東京商工会議所は民間の地域総合経済団体としてさまざまな活動を行っているが、その原点は、渋沢が1878（明治11）年に創設した「東京商法会議所」である。当時わが国では「富国強兵・殖産興業」のスローガンのもと、近代化が推し進められ、国内外の政治経済状況が大きく変貌を遂げた時期であった。

その時、渋沢は38歳で、第一国立銀行頭取として活躍していた頃であった。

2. 東商設立前後

(1) 東京商法会議所から東京商工会議所へ、さまざまな組織の改編

① 東京商法会議所以前

江戸時代に老中・松平定信は飢饉頻発の対策として「江戸町会所」を設置、窮民救済のための米や金を積み立てていた。明治維新後、この積み立てた共有金を引き継いだのが１８７２（明治５）年創立の「東京営繕会議所」であり、同年「東京会議所」となった。ここでは、共有金の管理のほか、商法講習所や養育院の運営支援、道路や橋の整備・補修など市民に必要な公共施設にかかわる事業を行った。

その後、この事業は東京府へ移管され、組織は解散となるが、渋沢はこの活動に従事しており、１８７５（明治8）年に会頭となり、１８７７（明治10）年の解散までかかわった。このような東京の街や市民の暮らしを整備する公益事業を担う自治組織が存在していたことは重要である。

②　東京商法会議所の創立

幕末に列強諸国と締結した条約が不平等なものであることが明らかになり、明治政府はその条約改正の交渉に当たり、経済界や産業界の意見を代表する組織の存在が必要だと考えていた。そこで当時、大蔵卿を務めていた大隈重信は、渋沢をはじめ、益田孝、大倉喜八郎、福地源一郎など、東京を中心に活動していた実業人に商工業者の輿論機関として商法会議所組織の設立を勧めた。

渋沢は創立に向けた準備を進め、1877（明治10）年に渋沢をはじめ8名が連名で「商法会議所設立之儀願書」を東京府知事宛に提出した。そして、翌78（明治11）年3月12日に、わが国初めての商業会議所組織として東京商法会議所が創立された。

このようにして、渋沢らの努力によってわが国に初めて「民意」を形成する場ができたことになる。以後、条約改正に関する建議、経済政策に関する調査や建議、国際交流など多方面にわたる活発な活動を行っていった。

③　東京商業会議所へ、その後

東京商法会議所から東京商工会へと組織が改められた後、欧州流の商業会議所組織の創設について官民で検討が進められた。東京、大阪、京都など各地商法会議所が欧米諸国の制度を研究して、商業会議所条例の制定に関する建議を行った。そして、１８９０（明治23）年に「商業会議所条例」が公布され、翌91（明治24）年に設立が認可され東京商業会議所が誕生し、渋沢が会頭に選出された。

その後も同会議所は、商工業者の輿論を集約する機関として、商工業の発展、実業界の利益擁護に尽力するなど活動を広げ、日清・日露戦争、第１次世界大戦、関東大震災など歴史的事件に直面するなか、提言活動や民間外交などさまざまな活動を行っていった。

１９２７（昭和２）年には「商工会議所法」が公布され、東京商業会議所は翌28年（昭和３年）に「東京商工会議所」に移行した。そして、第２次世界大戦を挟み戦後の組織再編・改組を経て、東京商工会議所（以下、東商）とし

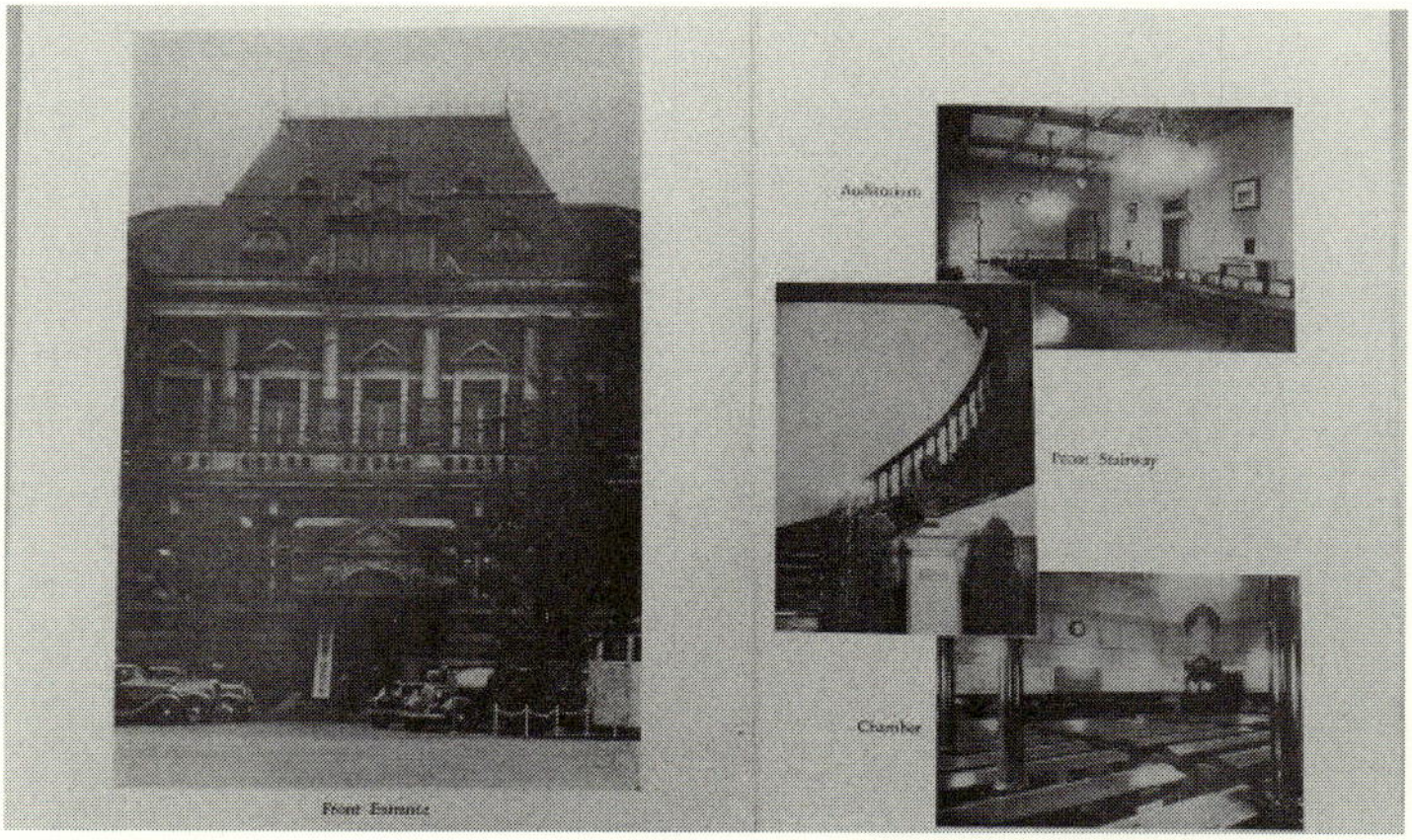

HANDBOOK OF THE TOKYO CHAMBER OF COMMERCE AND INDUSTRY
（1940.11.18 東京商工会議所発行）　出所：東京商工会議所

て現在に至っている。

(2) 東商を通じた渋沢のさまざまな活動

「実業は国の本なのだ。これによって国家が立ち、国の経済が立っていくのだ」(交遊五十余年)――これは渋沢とともに東京商法会議所の設立に携わった大倉喜八郎に、渋沢が語った言葉である。明治というまったく新しい時代を迎え、近代国家への歩みを始めた日本では、まだ民間経済である実業が一段低く見られていた。そこで渋沢は実業人が集い、志を一つにして日本経済を隆盛へと導くとともに、商工業者の世論を形成して社会を変革させていこうと強く思い至ったのである。

「東京商法会議所」「東京商工会」「東京商業会議所」と組織が変遷していくなかで、引き続き会頭を務めた渋沢だが、会頭退任後も幅広い活動を行っていった。

① 渡米実業団(1909(明治42)年)

1908(明治41)年、米国太平洋沿岸商業会議所の代表団50人が横浜に上陸した。東京、大阪、京都、横浜、神戸の5商業会議所が招聘したものである。当時、日露戦争後の日本の大陸での対応は米国を憤慨させ日米関係は一気に冷え込み、排日運動などに発展していた。当時の小村寿太郎外相は日米双方を接近させる道を講じたいと東商に相談を持ちかけるが、実業界もこうした事態に危機感を持っていたための対応であったといえる。代表団は滞在した１ヵ月弱の間、日本各地で大変な歓待を受け、米国実業人は帰国後、大統領に報告。大統領は明治天皇に謝電を送り、日米間の緊張関係が一気に緩和されることとなったのである。

　これを受け、５商業会議所会頭宛てに返礼の招待状が届く。５商業会議所は渋沢を団長とする渡米実業団を結成し、総勢51人が訪米することとなった。１９０９（明治42）年、約３ヵ月をかけて渋沢を団長として、東京や大阪など大都市の商業会議所で活躍する経済人は、太平洋側から大西洋側まで約１万８０００ｋｍ近くを移動し、およそ25の州、60都市・地域をめぐった。訪問した各地ではいずれも大変な歓待を受け、ニューヨークではトーマス・エジソンとも交流を深め、ミネアポリスではウイリアム・タフト大

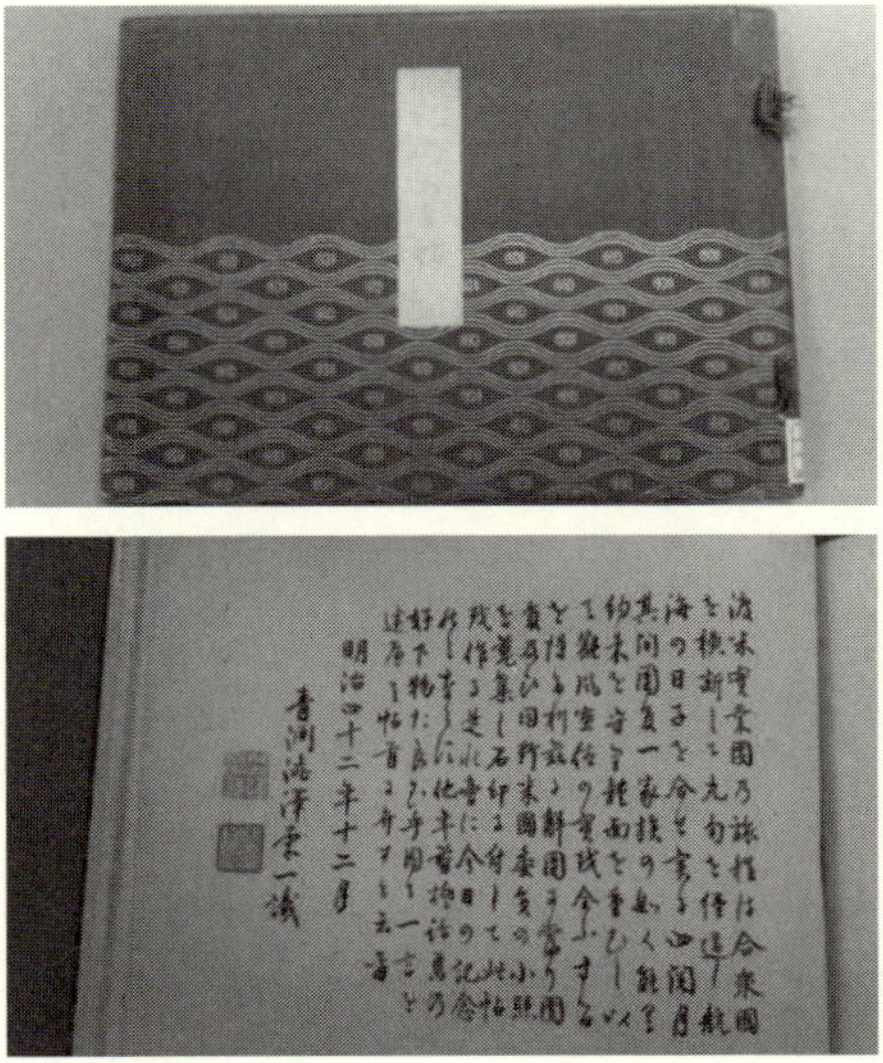

紀念寫眞（写真）帖（上：表紙、下：渋沢栄一・真筆によるコメント）
（注）1910 年５月、東京商業会議所内渡米實業團残務整理委員蔵版　出所：東京商工会議所

統領とも謁見。同大統領は議会教書の中で、この訪問に触れ、「有名なる日本実業家の今回の渡米は、太平洋上の貿易を発展せしめ、併せて相互の交情を温める上に於て、益するところ大なるべきや疑を容れず」と明記。民間経済外交という大きな足跡を残し、後につながる大事な親善の種を蒔いたのである。

②　明治神宮建立の建議（1912（明治45）年）

東京商業会議所関係者は、明治天皇が崩御されると、東京に御陵を定められるようすぐさま請願運動を行った。そして代々木の御料地に明治神宮を奉建する請願を行う。その間、富士山、箱根山、筑波山など、各地方でも神宮誘致運動が起こった。しかし、最終的に代々木の御料地が選ばれ、明治神宮奉賛会の創立準備委員会が東京商業会議所内に置かれ、渋沢が準備委員長として動いた。その結果、1915（大正4）年に明治神宮奉賛会が発足され、この奉賛会の呼びかけにより全国から献金、樹木献納、造営作業奉仕などが続々と集まってきたのである。（関連記述：第7章（渋沢栄一と神宮創建・永遠の杜）参照）

③　教育への支援：商法講習所とのかかわり

現在の一橋大学のルーツである「商法講習所」の創設（1875（明治8）年）とその後の

維持には、渋沢ら経済人が深くかかわっている。当時の東京府知事からビジネススクールの創設について相談を持ちかけられた渋沢は、国の大本は実業にあると先見していたので、これに賛同し支援を約束した。そして、渋沢や益田らは同校の商議委員として運営の相談にあたったり、また、東商の議員らが経済の講義を行うなど商業教育のレベルアップを主導した。

渋沢はパリ留学中に商業教育の必要性を痛感しており、国に働きかけ補助金などの支援を得て、商法講習所存続の窮地の際にも支援を惜しまなかった。そして、商法講習所はその後、さまざまに名称の変更や学制の変遷を経て現在の一橋大学（１９４９（昭和24）年～）に至っている。（関連記述：第４章（渋沢栄一の教育イノベーション）参照）

（３）各地商法会議所の創立

東京商法会議所が１８７８（明治11）年に創立された後、同年８月に、五代友厚、広瀬宰平らが中心となり大阪商法会議所が、また、神戸においても創立された。志を同じくした実業人が集い、翌年１８７９（明治12）年には、長崎、堺、福岡、甲府、大津、岡山、熊本にて創立、その後各地でも商法会議所が創立されていき、１８８１（明治14）年までに全国18ヵ所に商法会議所が組織されていった。明治期に創立された商法会議所は64を数える。商法会議所は全国共通の問題を協議したり、連携した活動を展開したりするなど、共通の目的を持って活動することでその力をより大きなものとしていく。

3. 現代にまで生きる渋沢栄一の精神

(1) 東商の主な活動

上述のとおり、東商は、商工業の発展と地域社会の振興に寄与することを目的に創立された地域総合経済団体として、企業の体質強化や経営力向上、ビジネス環境の整備、地域活性化やまちづくりなど、さまざまな活動に従事している。

明治時代に渋沢など経済人が「東京商法会議所」を創立した時の熱い思いを今に受け継ぎ、現在まで東商ではさまざまな活動を行っている。その主要な活動について、以下にその概要を紹介する。

① 政策提言活動

1879(明治12)年、東商は東京府から48品目の利幅調査を依頼され調査実施以降、商況報告統計の実施などを行い、これが国の制度制定などの貴重な資料となった。以降、東商ではさまざまな調査活動を行い、商工業の実態把握に努め、これらは政策提言活動のベースとなっている。

たとえば、税制要望は東商が大きな役割を果たしてきた特筆すべき主要政策課題の一つである。１８９６（明治29）年に公布された営業税に対して東商は全国の会議所と意見集約を図り、反対運動を展開した。その後も、税制改正に関する要望、事業承継に係る税制要望などをまとめ、政府や政党、官庁、マスコミなどに公表し、必要に応じて首相や各大臣、国会議員等に直接説明を行い、理解を求める地道な活動を行っている。

このように東商は、企業経営者の要望を政府に対して伝えるという重要な役割を担っており、政府の政策決定に少なからぬ影響を与えてきた。一つ一つの企業の小さな声を集めて大きな力を生み出す政策提言活動。中小企業の事業環境を整え、日本経済の発展を支えていくため、その活動の重要性はますま

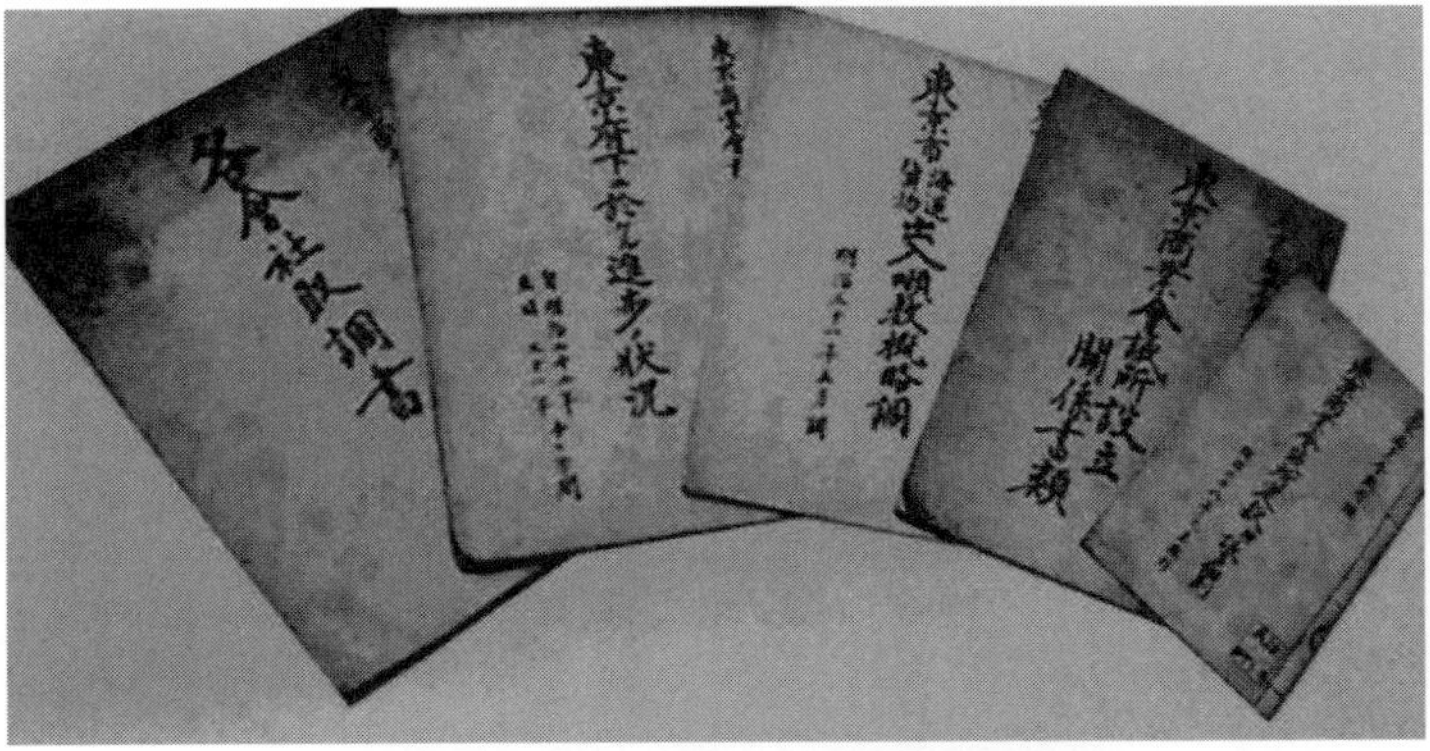

東京商業会議所時代初期の社会経済調査書類
出所：東京商工会議所

す増してきている。

② 経営支援活動

現在のビジネスを取り巻く環境は、海外の政治経済動向にも密接に関連することから、複雑で日々変化が激しくなっており、市場を熟知した経営者でもさまざまなリスクや不安定要素を抱えながら毎日のビジネスに向かい合っている。

しかし、経営者はさまざまな悩みを抱えながら、それを自社幹部等に相談できないケースも多い。そのような相談を気軽にできるのが東商の各種経営相談事業である。資金調達、ビジネス機会の創出、人材の確保と育成、創業や新規事業分野への進出など、あらゆる相談が寄せられる。これに対して、税理士、弁護士、社会保険労務士等、専門家ともネットワークを有しており、あらゆる相談に基本的に無料で対応しているため、誰でも安心して相談することが

商工相談巡回バス（1960 年）

出所：東京商工会議所

できる。

経営支援活動の充実とともに、本部だけの対応ではなく、小規模企業への企業診断や経営改善指導について、より地域密着できめ細かな対応ができる体制が求められた。そこで、１９６０（昭和35）年3月に23区で初めての支部として大田支部が設立され、その後、順次各区に支部設立が進んでいき、１９７５（昭和50）年の中央支部設立をもって23区すべてに支部設置が完了し、現在に至っている。

③ 地域振興活動

地域が抱える課題を解決し、地域を再生し活性化すること、これも東商が永続的に続けている重要な活動である。企業等が事業を継続していくには、事業基盤であり従業員の生活基盤でもある地域の安定や発展が不可欠である。経営者が集まり力を合わせ、より大きな実業界としての地位向上に努め、また、地域のさまざまなステークホルダーが力を合わせることで、地域の発展につながるより大きな活動にすることができる。東商は、そのための結節点としての役割も果たしている。それは、産学公連携、地域の伝統的な祭り等のイベント、防災・防犯機能、商店街等の地域コミュニティ支援など多岐にわたっている。

その地域が持つ、他の地域にはない個性や魅力、価値資源を掘り起こして、地域ブランド力を向上させ、地場産業の競争力を高める。このような地域振興活動の重要性はますます高まっている。

④ 国際交流活動

東商は前述のとおり、渋沢を団長とする渡米実業団など民間外交の役割を担うとともに、そもそもの課題であった諸外国との不平等条約の改定をはじめ、通商問題等に関する政策活動を行ってきた。

1960年代からは、わが国の高度成長を支えた資源確保などに向けて、日本経済界として東商を中心とする国際活動が活発になった。相手国民間経済界と定期的な会合を開催する二国間経済委員会

東商新聞

日豪経済合同委が初会合

共通の利益が明確に

共同声明で成果を確認

期待上回わる収獲

日豪提携大きく前進

共同声明

前途きわめて有望

経済交流に新たな刺激

具体的討議を期待

日豪両代表のあいさつ要旨

協力の推進役を

無限の協力分野

第１回日豪経済合同委員会１面記事

（注）東商新聞第 296 号、1963（昭和 38）年 5 月 24 日発行

出所：東京商工会議所

の設置では、日豪経済委員会が皮切りとなった。１９６１（昭和36）年に永野重雄・東商副会頭（当時）を団長に通商親善視察団を豪州に派遣し、日豪経済関係を発展させることを目的として両国に経済委員会が設置された。第１回合同会議を東京で開催して以来、毎年交互に訪問し、合同会議の回数は２０１５（平成27）年で53回を数えた。同委員会では、それぞれの時代に応じた国際交流を実施しており、同年に発効した日豪ＥＰＡでは交渉開始以前から必要性を説き、締結に貢献した。

また、古くは日豪両国の委員会で検討された「太平洋地域機構」の構想が結実し、ＡＰＥＣ設立の基礎ともいえる「太平洋経済委員会（ＰＢＥＣ）」を１９６７（昭和42）年に発足している。

現在の東商の国際活動は、二国間・多国間の経済委員会の活動による貿易・投資の促進や円滑化、進出先のビジネス環境整備などに加え、中小企業の海外展開支援など多岐にわたっている。

⑤　被災地復興支援活動

東商は、関東大震災の際、震災直後から復興に向けて精力的な活動を行った。東商ビルには大震災善後会の本部が置かれ、渋沢は募金活動など救護・復興活動に注力した。

東日本大震災の際も東商は、被災地へ職員の派遣、「遊休機械無償マッチング支援プロジェクト」など復興支援に対するさまざまな活動を展開した。被災地域が復興するためには、地域住民の生活の基盤である地域産業の早期復興が求められる。被災地復興を支援すること、ここにも渋沢から引き継ぐDNAが脈々と続いていることがうかがえる。

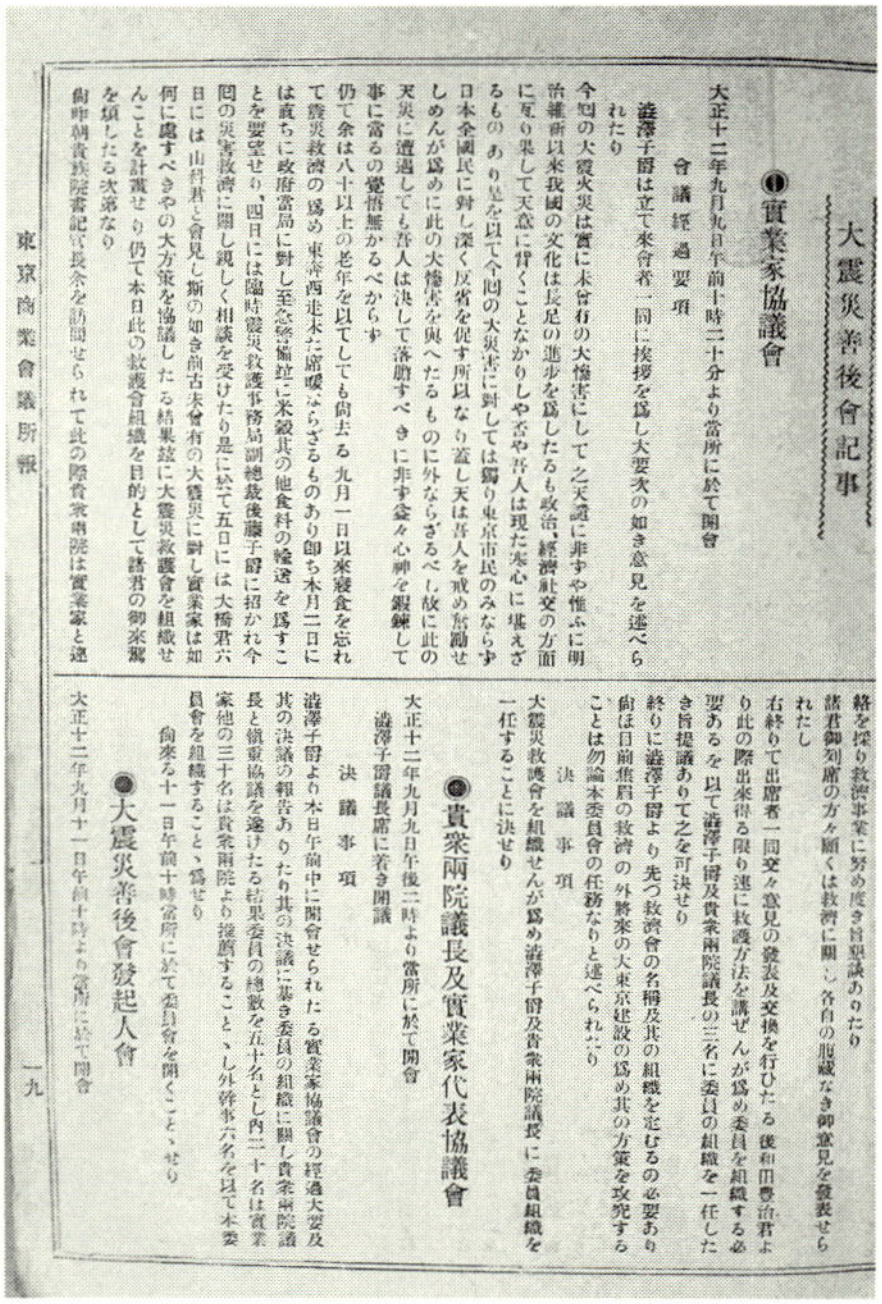
大震災善後會記事

●實業家協議會

大正十二年九月九日午前十時二十分より當所に於て開會

會議經過要項

澁澤子爵は立て來會者一同に挨拶を爲し大要次の如き意見を述べられたり

今回の大震火災は實に未曾有の大慘害にして之天譴に非ずや惟ふに明治維新以來我國の文化は長足の進歩を爲したるも政治、經濟社交の方面に亙り果して天意に背くことなかりしや否や吾人は轉た寒心に堪えざるものあり是を以て今回の大災害に對しては獨り東京市民のみならず日本全國民に對し深く反省を促す所以なり蓋し天は吾人を戒め奮勵せしめんが爲めに此の大慘害を與へたるものに外ならざるべし故に此の天災に遭遇しても吾人は決して落膽すべきに非ず益々心神を鍛錬して事に當るの覺悟無かるべからず

仍て余は八十以上の老年を以てしても尚去る九月一日以來寢食を忘れて震災救濟の爲め東奔西走未た席暖ならざるものあり即ち本月二日には直ちに政府當局に對し至急警備並に米穀其の他食料の輸送を爲すことを要望せり、四日には臨時震災救護事務局副總裁後藤子爵に招かれ今回の災害救濟に關し親しく相談を受けたり是に於て五日には大橋君六日には山科君と會見し斯の如き前古未曾有の大震災に對し實業家は如何に處すべきやの大方策を協議したる結果茲に大震災救護會を組織せんことを計畫せり仍て本日此の救護會組織を目的として諸君の御來駕を煩したる次第なり

尚昨朝貴族院書記官長余を訪問せられて此の際貴衆兩院は實業家と連絡を採り救濟事業に努め度き旨懇談ありたり

諸君御列席の方々願くは救濟に關し各自の腹藏なき御意見を發表せられたし

右終りて出席者一同交々意見の發表及交換を行ひたる後和田豐治君より此の際出來得る限り速に救護方法を講ぜんが爲め委員を組織する必要あるを以て澁澤子爵及貴衆兩院議長の三名に委員の組織を一任したき旨提議ありて之を可決せり

終りに澁澤子爵より先づ救濟會の名稱及其の組織を定むるの必要あり尚ほ目前焦眉の救濟の外將來の大東京建設の爲め其の方策を攻究することは勿論本委員會の任務なりと述べられたり

決議事項

大震災救護會を組織せんが爲め澁澤子爵及貴衆兩院議長に委員組織を一任することに決せり

●貴衆兩院議長及實業家代表協議會

大正十二年九月九日午後二時より當所に於て開會

澁澤子爵議長席に着き開議

決議事項

澁澤子爵より本日午前中に開會せられたる實業家協議會の經過大要及其の決議の報告ありたり其の決議に基き委員の組織に關し貴衆兩院議長と愼重協議を遂げたる結果委員の總數を五十名とし内二十名は實業家他の三十名は貴衆兩院より推薦すること、し外幹事六名を以て本委員會を組織すること、爲せり

尚來る十一日午前十時當所に於て委員會を開くこと、せり

●大震災善後會發起人會

大正十二年九月十一日午前十時より當所に於て開會

東京商業會議所報　一九

震災における渋沢の発言記事

（注）東京商業会議所報第6巻第10号19ページ、1923（大正12）年11月5日発行

出所：東京商工会議所

（2）渋沢の思いを今に

渋沢は第一国立銀行頭取として、国にとって有益な会社の発足に尽力する一方で、東商の会頭として東京という地域の近代化に力を注いだ。

創立１００年を超える企業、老舗が日本には約2万社もあるといわれているが、これは世界の中でもきわめて珍しく、飛び抜けて長寿企業が多い老舗大国といえる。まさに渋沢の基本思想が、「日本型資本主義」の土台となり、多くの企業が時代の変化に対処する知恵を持ちながら長寿企業として今も活躍するなど、その思想は現在まで脈々と受け継がれているのである。

一方で、渋沢が社会事業に尽くしたことを忘れてはならない。商業学校や女子学校のほか、福祉施設の設立など約６００の社会事業に尽力した（関連記述：第6章（渋沢栄一と社会貢献活動）参照）。渋沢は株式会社形態を日本に紹介したばかりでなく、養育院を建てこれを援助し、学校の設立にあたって資金を寄付し、また慈善機関を創設した。

渋沢は面会を希望する人には誰にでも会った。人を身分などによって分け隔てしない、温かい人間愛を持った人物であったので、さまざまな社会事業に対しても精力的な活動を行ったのであろう。

まさに、渋沢の家はさまざまな相談ごとが持ち込まれる「駆け込み寺」のようなものだったといわれている。現在も、そしてこれからも東商は、あらゆる経営者に対して信用され頼りにされる、「駆け込み寺」のような存在であり続けなくてはならない。

【第10章】もっともっと東京を明るくしたい／東京ガス

1．東京ガスの歴史

（1）創立前史　～なぜ渋沢はガス事業に着目したか～

「あなたとずっと、今日よりもっと。」をコーポレートメッセージとする東京ガス株式会社（以下、東京ガス）は２０１５（平成27）年10月1日に創立１３０周年の節目の年を迎えた。東京ガスの創業者、創立委員長を務めたのが渋沢である。渋沢は東京ガスの創立以来、25年の長きにわたり東京ガスの創業者そして経営者として東京ガスの事業を指導し成長させた人物である。現在の経営トップ、広瀬道明社長は創業以来21代目である。

東京ガスの創立は１８８５（明治18）年10月1日であるが、そこに至るまでの前史は、開国、維新、文明開化と続く日本の近代化そのものといえる。わが国でのガス知識は、ほかの多くの近代科学同様にまず蘭学から移入紹介された。

明治政府は、富国強兵・殖産興業・文明開化を施政の方針としたが、ガス灯事業の伸展も文明開化政策の一環であったといえるかもしれない。

幕末、相次いで米国や欧州に派遣された使節団一行は、現地でガス事業の発展ぶりを見聞し、大きな刺激を受けて帰朝した。1860（万延元）年、日米修好通商条約批准書交換のため米国に渡った遣米使節団一行77名は、フィラデルフィアでガス製造工場などを見学した。遣米特使の中には幕末最後の勘定奉行となった小栗忠順（当時目付）や幕府軍艦咸臨丸で米国に行った勝海舟（当時艦長）、福沢諭吉（当時従者）などがおり、それぞれその後、ガス事業の紹介、普及に力を尽くしている。

1874（明治7）年頃　銀座通

出所：東京ガス（株）

渋沢も1867（慶応3）年パリ万国博覧会のため渡欧した徳川昭武（徳川15代将軍慶喜の弟、幕府民部大輔）に随行した。途中、上海でガス灯を初めて見ている。さらにパリでは劇場のガス照明を見てともに感嘆している。

パリをはじめ欧州各地で見た「石灯籠に火がついているようなものかと思ったら昼のように明るかった……」という強烈な印象を持って渋沢は帰国した。このときの印象から渋沢がガス事業に興味を持ち、後に東京府の瓦斯局事務長になり、その3年後に瓦斯局長に就任した所以ではないかと推測される。

渋沢は、東京ガスの経営者として1885（明治18）年から1909（明治42）年に辞任するまでの実に25年間、東京会議所時代から通算すると35年もの長きにわたって日本のガス事業を指導し、東京ガスの成長に大きな足跡を残した人物。また東京ガスを含め生涯で500余の企業に関係した渋沢は実業界の世話役的活動にも目覚ましいものがあった。1875（明治8）年12月には東京会議所会頭に就任、前述のとおりこれがガス事業に関係する契機となった。その後も長期間にわたって東京商業会議所の会頭を引き受け、東京株式取引所の設立を主導するなど、その足跡は枚挙にいとまがない。

「独占を排し、多くの人々から資本を調達する合本主義」を唱え、「道徳経済合一説」を信条とした渋沢は、自らの富の蓄積よりも経済界の世話役に徹して近代企業の創生に努力した。まさに、創生期の「ニッポン株式会社」にとって民間の最高指導者の役割を果たしたといえる。

渋沢がガス事業に関係を持つようになったのは、１８７４（明治7）年12月、東京の金杉橋から京橋までのガス灯85基を初めて点火したときであった。１８７６（明治9）年5月、東京会議所の管理下にあったガス、街灯事業が東京府に引き渡され、渋沢は瓦斯局事務長を命ぜられ、１８７９（明治12）年7月に瓦斯局長に就任した。渋沢はガス事業の規模を拡張して、ガス料金を下げ、街灯、屋内灯として普及を図ったが、当時の民間の生活水準では需要の範囲がきわめて狭かった。

１８７６（明治9）年末には東京の街路に配置していた英国製新型ランプ４１８基を民間に払い下げた。だが人気はまったくふるわなかった。民間から点火費を徴収しようとすると、なかなか払ってくれない。このため府税のうちからこれを支弁する始末であった。

渋沢は使用料を減額し、個人の需要を増やそうとしたが、当時ガスは照明用として使用されているのみで、炊事への用途はまったく考えられていなかったので、不要な贅沢品と見られていた。

渋沢はガス製造工場を増築、新しく路線を延長し、大管に埋め替えるなどして、ガス料金を下げ、ガスの需要者を増やそうと努めた。

１８８５（明治18）年にガス引用戸数は東京府において３４３戸である。漸増してきたとはいっても、低調きわまりない状況であった。ガス事業は時代の先端をいく事業であるため、経営維持はきわめて困難であった。そのうえ、欧米から電灯が輸入されたので、前途がきわめて危ぶまれることとなった。

渋沢は当時の状況について、のちに次のように回顧している。

「わが国に電灯が入ってきたのは1882（明治15）年である。その頃、電灯といえばフランスあたりでも特殊な場合に多く使われていたので、日本でも一種の装飾用に使用されるに過ぎないと思う者が多かったが、その使用法がだんだん進歩して、いまにもガス灯は廃滅に帰すだろうとの風説がさかんに起こってきた。電灯の前のガス灯は、月夜の蛍同然だというような考えがずっと広がっていった。ガス灯悲観説は口から口に伝えられた。非常なパニックだ。

電灯のために大パニックをこうむり、ガス灯は明日が日にも廃滅の運命に瀕したかのように思われたときに、突然として瓦斯局払い下げ運動をした人物がいた。

この人物は瓦斯局に石炭を納めていたので、ガスについても相当な知識を持っていたが、ひとりガス事業の有望なることを信じ、機敏にも府知事、府会、参事会を説破しておおよそ払い下げの相談をとりまとめ、そうして渋沢のところへ相談にきたのである」

このとき、渋沢はこの人物の願いを退けている。渋沢は、

「いままで多年の辛苦を重ね、ついやした資金は25～26万円にもおよんだ。この間にいろい

ろの故障困難もあったが、とにかく今日まで耐え忍んできた。あと2、3年も経てばようよう物になろうというところを、ただの5万円即納で売り払うとは、あまりに市民に不親切である。なるほどあなたと相談して、いまこの払い下げを受けておれば利益もあろう。割のいい話だろうが、それでは筋が違う。東京市に対してすまぬ。いやしくも瓦斯局長たる自分が、私利をはかって市民に損失をこうむらせてはすまぬ。もし電灯の風説に脅かされて瓦斯局を売るくらいなら、むしろこの事業を廃したほうがいい。たかが5万円くらいの金が市民に何の役に立つか。10年賦の1万円などは、頭からあてにならぬ。そんなことは断じて不承知である。誰が何と言っても不承知である」

渋沢はこの人物の提案をきびしく拒絶したのち、府会、府知事にその意を通じたので、払い下げは行われないことになった。

～官業から民営化の先駆に～

渋沢は払い下げに関して「ガス事業で利益をあげる見込みがあればこそ、俺は多忙のうちから世話しているのだ。過去数年、骨折ってきてようやく見込みがつき、これから利益が出ようというときに、民間に払い下げるのは、市民に出資金を損させることになる。俺はそんなことは絶対にできない」

一方、渋沢はガス事業の民間への払い下げそのものに反対しているわけではなかった。官営は民業の先駆である。利益を事実として示すことで、民業奨励の義務が果たせる。同時に公金を投資して、資本を然るべき利息を得て還元したという事実上の計算を、明確に市民に発表できる段階を待たねば、瓦斯局長として公営事業を民間に払い下げできないと考えていた。

その後、事業は順調に発展し、予想どおりの成果をあげるようになった。

1885（明治18）年3月3日、渋沢は東京府知事の芳川顕正に瓦斯局公売を建議、民営化に動いた。同年9月21日に許可が下り、社名を東京瓦斯会社、資本金を27万円と定めた。創立委員は渋沢と瓦斯局副局長の藤本精一、須藤時一郎、大倉喜八郎、浅野総一郎であった。渋沢は創立委員長に就任した。会社創業当時の従業員は61名だった。1893（明治26）年に南千住に工場を増設、同年7月に社名を東京瓦斯株式会社と改めた。翌年1月には定款を変更し、委員は取締役、監査役となり、渋沢は取締役会長となった。

渋沢は事業の発展のために儲けること（算盤勘定）はもちろん重要だが、それと同時に国家・社会に貢献すること（論語・人の道）を常に念頭においてガス事業の民営化を実現した。

(2) 試練の130年　明治・大正・昭和・平成

①電力会社との競争

東京ガス創立の1885（明治18）年の2年前、1883（明治16）年に現在の東京電力の前身である東京電灯が創設されている。東京ガスは創立当初から電力会社との競争に直面している。

明治の頃は灯用市場が中心であったが、当時の炭素線電球は光が弱く、すぐに切れるという電力側の弱点があったこともあり、ガスの火口に発光装置であるマントルを装着したガス灯は電灯に対して互角以上に渡りあい灯用ではガス灯が優位に立ち、明治時代の後期にはガス灯が全盛を誇った。渋沢は料金値下げの企業努力を実行し、東京ガスの経営基盤を確固たるものにした。渋沢の「論語と算盤」の経営理念がいかんなく発揮された。

大正時代に入ると状況は一変し、灯用では電灯がガス灯より優勢になる。それはタングステン線電球の普及や大規模水力発電の推進により、電力料金が安くなったためである。東京ガスはこの苦境を乗り切るため、明治末期より力を入れていた燃料用ガスの用途拡大を図った。燃料用熱源としてのガス需要を開拓し、ガ

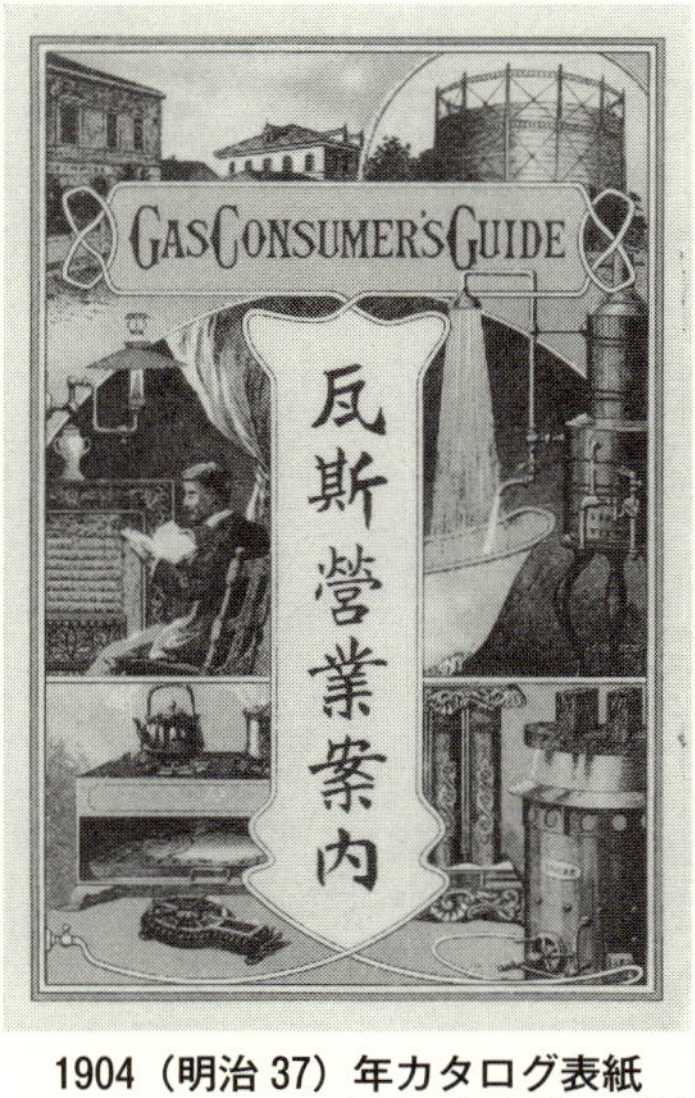

1904（明治37）年カタログ表紙
出所：東京ガス（株）

スの需要分野を灯用から燃料用に重点シフトし新天地を切り開いた。ガスを熱源とする炊飯かまどの実用化に成功し、料理店や旅館だけでなく、一般家庭でもガスコンロが使われるようになり、1926（大正15）年末にはお客さま件数は29万件まで拡大し、東京ガスの売上額の9割を家庭用が占めるようになった。

大正末期から昭和にかけては関東大震災による被害や、太平洋戦争時の空襲による被害、そして明治末期には東京市の思惑を反映した競争会社の登場や、東京市との報償契約（ガスや電気など公共的事業の性質上、独占的傾向を持つ企業と、その営業地域である市などの地方公共団体との間に結ばれる双務的な契約）をめぐる係争など試練が続いたが、同業他社の合併・吸収や積極的な資金調達により経営の難局を乗り切った。また関東大震災の時に、埋設ガス管のインフラ施設としての強靭性が明らかになり、東京ガスは震災復興の先頭に立った。

まさに国家・国民のため東京ガスは立ちあがった。渋沢の唱える「論語の経営」を実践したといえる。

座式台所　1909（明治42）年
出所：東京ガス（株）

第2次大戦後においては、世界初となった液化天然ガス（ＬＮＧ）の本格的導入が特筆される。環境特性に優れ、カロリーも高い天然ガスは今までの石油系エネルギーに代わる理想的ガス化原料として早い時期より注目されていたが、問題はパイプライン以外の方法で輸入するには輸送コストが割高になるという難点があったことである。

東京ガスがＬＮＧ導入を意思決定したのは１９６０（昭和35）年で、石油輸出国機構（ＯＰＥＣ）が設立された年であった。それから9年間、東京ガスは周到な準備のうえ、調達コストや輸送コストの削減を東京電力との共同プロジェクトで推進した。そして意思決定から9年後の１９６９（昭和44）年にアラスカからＬＮＧ第一船「ポーラ・アラスカ号」が東京ガス根岸工場に着船し、ＬＮＧ時代の幕開けとなった。

１９８６（昭和61）年刊行の『東京ガス百年史』によると、その理由として次の5点を挙げている。

- 天然ガスの埋蔵量は、きわめて大きい。
- 採鉱活動が進むと、天然ガスの埋蔵量は、飛躍的に拡大する可能性が高い。
- 天然ガスは米国以外ではあまり利用されておらず、豊富で安定的な供給が見込まれる。
- ＬＮＧは、冷凍液化の際の前処理によってまったく硫黄分を含まないエネルギー源となるなど、公害対策面で優れた特性を持つ。

・天然ガスのカロリーは非常に高いので、そのストレート供給により、既設配管の供給能力が大幅に増大するとともに、ガス製造設備も合理化されて投資効率が上昇する。

②二重の意味での先見性

東京ガスのLNG導入は二重の意味の先見性を有する。

一つは石油危機後のエネルギー安定供給策として、大きな威力を発揮することになったこと。二つ目には70年代冬期における大気汚染が深刻な社会問題になった公害への対策として有効な施策であったこと。1968（昭和43）年には大気汚染防止法が施行され、燃料規制の強化、低硫黄燃料への転換が行政指導により推進された。

2．現在の東京ガスの経営理念・行動基準

（1）経営理念

東京ガスグループは、天然ガスを中心とした「エネルギーフロンティア企業グループ」として、「快適な暮らしづくり」と「環境に優しい都市づくり」に貢献し、お客さま、株主の皆さま、社会から常に信頼を得て発展し続けていく。

（2）企業行動理念

①公益的使命と社会的責任を自覚しながら、企業価値を増大させていく。
②常にお客さま満足の向上を目指し、価値の高い商品・サービスを提供する。
③法令およびその精神を遵守し、高い倫理観をもって、公正かつ透明な企業活動を行う。
④環境経営トップランナーとして、地球環境問題の改善に貢献する。
⑤良き企業市民として奉仕の精神を深く認識し、豊かな社会の実現に貢献する。
⑥絶えざる革新により、低コスト構造で、しなやか、かつ強靭な企業体質を実現する。
⑦一人ひとりの「能力・意欲・創意」の発揮と尊重により、「活力溢れる組織」を実現する。

（3）私たちの行動基準

①私たちは、常に信頼され選ばれ続ける「エネルギーフロンティア企業グループ」の一員として、自ら考え、行動します。
②私たちは、常にクリーンでフェアな姿勢を貫きます。
③私たちは、どなたに対しても誠実・公正に対応します。
④私たちは、ともに働く仲間を大切にします。

⑤私たちは、地球環境を守るために行動します。
⑥私たちは、情報を適正に取り扱います。
⑦リーダーは、先頭に立って自ら行動します。

東京ガスがこれまで営んできたガス事業の大きな特色として、一つは時代の流れの中で世の中のニーズに合わせて新たな用途を開発し、原料を変更するなどしながら事業を切り拓いてきたこと、二つ目に東京ガスライフバルやエネスタなどのネットワークを持ち、地域に密着して1100万件の顧客とのつながりを大切にしてきたことが挙げられる。この社会の要請に応える事業展開や地域密着で豊かな暮らしづくりに貢献する姿勢は、渋沢が目指した企業の姿と通じるものがある。

3．東京ガスのいま

(1) 電力・ガスの小売全面自由化

2016（平成28）年より電力の小売全面自由化、そして2017（平成29）年にはガスの小売全面自由化を契機にエネルギー大競争時代が始まろうとしている。東京ガスのさらなる試練への挑戦は始まっている。また、2011（平成23）年3月に発生した東日本大震災を契機として、日本のエネルギー・環境政策は大きな転換期を迎えている。電力需給の逼迫や燃料コストの上昇は国内産業や国民生活に大きな影をおよぼしており、エネルギーの安全かつ安定的な供給をはじめとして、エネルギーコストの低減、地球環境問題への対処など、諸課題に対する社会的要請はかつてなく高まっている。

東京ガスは１９６９（昭和44）年に日本で初めてＬＮＧを導入して以来、半世紀近くにわたり「ＬＮＧのパイオニア、天然ガスのトップランナー」として、ＬＮＧバリューチェーンの確立・強化と天然ガスの普及と拡大に努めてきた。バリューチェーンとは、その言葉が示すとおり、購買した原材料などに対して、各プロセスにて価値（バリュー）を付加していくことが企業の主活動であるというコンセプトにもとづいた企業戦略のフレームワークである。

特に、ＬＮＧの調達・輸送からガスの気化・貯蔵・供給、さらにはお客さまのさまざまなニーズに対応するソリューションなど、それぞれの分野でつちかってきた技術やノウハウは国内のみ

図表10-1「チャレンジ2020ビジョン」で目指す
LNGバリューチェーンの高度化

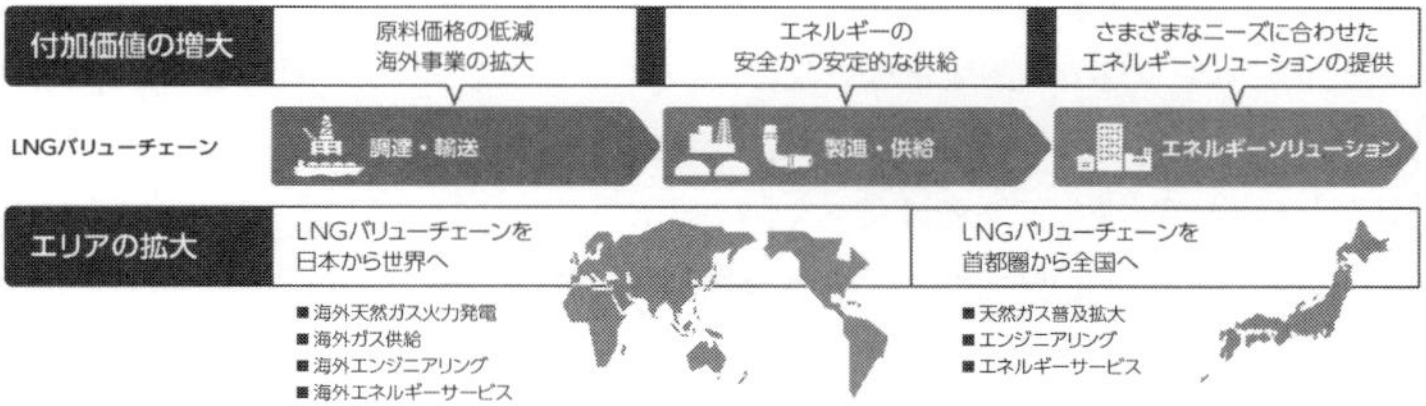

ならず国際的にも大きな評価を得ている。

東京ガスが東日本大震災を経て2011（平成23）年11月に策定・発表した「チャレンジ2020ビジョン」では，このLNGバリューチェーンの一層の高度化を図り，日本の「エネルギーセキュリティーの向上，エネルギーコストの低減，エネルギーシステムの革新」に貢献するとともに，東京ガスグループの持続的な成長・発展を目指している（図表10－1）。そして今，この2020ビジョンの実現に向けて「総合エネルギー事業の進化」「グローバル展開の加速」「新たなグループフォーメーションの構築」を主要施策として，事業展開を加速させている。

（2）あなたとずっと，今日よりもっと。

2015（平成27）年，東京ガスグループは創立130周年を機に，「あなたとずっと，今日よりもっ

図表10－2　東京ガスグループの創立130周年のコーポレートメッセージ

あなたとずっと、今日よりもっと。

東京ガスグループが目指すのは，
暮らしと社会の原動力。
130年間，お客さま一人ひとりと向き合いながら
培ってきた経験と信頼を礎に，
明るく，安心で，快適な明日を実現します。
お客さまの一番そばで考え，行動し，
全員一丸となって，ひたむきな挑戦を続けます。

と。」というコーポレートメッセージを新たに策定した（図表10－2）。

電力・ガスの小売全面自由化の到来を踏まえ、このコーポレートメッセージを掲げて大きな変革期に挑戦する東京ガスグループの姿は、創業者、渋沢の理念「公益的使命、よき企業市民」を脈々と受け継ぎ体現するものといえよう。

【第11章】 算盤勘定だけではない企業経営／ＩＨＩ

1．IHIの歴史

（1）経営理念

渋沢が関与したといわれる500社以上の会社の一つ「株式会社東京石川島造船所」は、現在「株式会社ＩＨＩ」（以下、ＩＨＩ）へと継承されている。会社の成立には渋沢の「合本主義」と「道徳経済合一説」が反映され、今も、「公益第一、私利第二」の精神が会社の存続を支えている。

ＩＨＩには2つの経営理念がある。「技術をもって社会の発展に貢献する」と「人材こそが最大かつ唯一の財産である」。この2つの経営理念は、渋沢がＩＨＩに関与した時代よりもずっと後にできたものだが、企業経営に対する渋沢の「論語と算盤」の精神を受け継いでいる。たび重なる事業資金の工面、会社の組織化など、渋沢の功績は、現在のＩＨＩの存在に欠かせない。創始者の平野富二に対して渋沢は、「君は馬車馬のように、前ばかりしか見ないで困る」という一方で、「懸念ばかりしていては世の中の事業が発展せぬ」と融資を決断していく。平野の没後も、腹心の逸材たちを経営に投入し、会社を発展させ続けた。

平野は、当時唯一海外に開かれていた長崎で育ち、日本の発展のために船を造りたい、機械を国産化したい、インフラを整備したいと前ばかりを見ていた。渋沢は、欧州各国で機械、製鉄、造船、鉄道、水道やガスなどの都市インフラを見て、日本の産業を発展させたいと思っていた。平野の思いは、自分の利益にならなくても、国益を求める渋沢の英断で成就した。

（2）創業から現在まで

ＩＨＩの創業は１８５３（嘉永６）年12月５日。この年、ペリーの率いる黒船が浦賀沖に現れた。幕府は、これに対抗できる船の必要性を感じ、水戸藩主徳川斉昭に命じて石川島に造船所を創設した。１８７６（明治９）年に、民間人の平野が、当時遊休同然だったこの造船所の払い下げを受け、民間初の洋式造船所「石川島平野造船所」を創立する。

１８８９（明治22）年１月17日には「有限責任石川島造船所」が設立された。渋沢は、会社設立時に委員を務め、後に取締役会長となる。47歳で早世した平野の没後、渋沢のもとで、新商法施行を機に「株式会社東京石川島造船所」となった。１９４５（昭和20）年に「石川島重工業株式会社」と改称した。

1960（昭和35）年に、土光敏夫による播磨造船所との合併で「石川島播磨重工業株式会社」となり、それから40年あまり石川島播磨重工の時代が続く。2007（平成19）年には、英語名の略称であったＩＨＩ（Ishikawajima-harima Heavy Industries）を正式名称とし、「株式会社ＩＨＩ」と社名を変更した。

社名変更の一年前、本社は、戦前から東京における生産拠点であった、現在の江東区豊洲に移転した。移転前、千代田区の新大手町ビルにあった本社の来賓室には、渋沢の大きな金属製レリーフが壁に埋め込まれていた。

現在のＩＨＩは、造船業に始まり、船に積む機械や動力が、陸海空そして宇宙にも応用され、「資源・エネルギー・環境」「社会基盤・海洋」「産業システム・汎用機械」「航空・宇宙・防衛」の４つの領域で事業を展開している。

2. 東京石川島造船所

(1) 創始者平野富二

平野（1846（弘化3）～1892（明治25）年、47歳で病死）は、長崎で生まれた。16

歳で長崎製鉄所の機関手見習いとなり、オランダからの機械学の基本と蒸気船機関の取り扱いを学ぶ。下関戦争では外輪式蒸気軍艦「回天丸」を操縦して活躍し、各地を航海する中で、坂本龍馬や大隈重信とも懇意になった。

1869（明治2）年、グラバーから引き渡された小菅曳揚船渠《せんきょ》（ドック）の所長になり、英国人4名を使役して、船舶の修理と船渠貸し事業を営む。得られた利益を資本として、長崎立神浦にダライ船渠（ドライ・ドック）を開き、内地と清国との間の航海と、船舶修理事業で長崎港を繁栄させようと計画し、民部大丞の井上馨から工事着手命令を受けた。

翌年には、小菅修船所長のほかに、長崎製鉄所元締役と立神新船渠開削主任となる。400人の人夫を駆使して船渠の開削にあたるが、完成直前の1871（明治4）年、長崎県に属していたこれらすべてが、前年、政府に設置された工部省に引き継がれた。

製鉄と造船の事業に一生を委ねると決心していた平野だが、恩師の本木昌造が興した新町活版所の事業再建を引き受ける。活版所（印刷による刊行）から、活字製造販売へと事業変更し、1872（明治5）年には長崎から東京に

創始者の平野富二
出所：（株）IHI

出て、神田で長崎新塾出張活版製造所を起こす。前年の廃藩置県布告による政府の大量印刷物需要や、民間の新聞雑誌の発行部数増など時代の波に乗って、活字販売事業は多忙をきわめ、収益を確保していく。

翌年には築地に土地を買って東京築地活版製造所を構え、印刷機械部門を新設して、それまではすべて外国製だった活版印刷機の国産化を行った。

(2) 造船所の払い下げ

1876(明治9)年、海軍省所轄の艦船造修部門が横須賀造船所に集約され、石川島修船所が撤去閉鎖されることが決まる。石川島は、築地とは隅田川を挟んだ目と鼻の先の場所。平野には払い下げを受ける資金はないので、土地、機械小屋、不要の機械などの借用を願い出る。

工部大輔の山尾庸三に相談し、価格と貸与期間の交渉の結果、初年度は500円で1年後に契約更改、期間は7年と決まる。造船事業は莫大な資金を要し、償却に年数がかかることを見越しての交渉だった。

ちなみに山尾は、伊藤博文らとともに英国に留学した「長州ファイブ」の一人で、工学、造船海運業を学び、帰国後に工学関連の重職についた。長崎時代、平野が完成目前の立神新船渠を工部省に引き継いだときの、政府側の受取人だった。

洋式造船の経験を積んだ横須賀造船所の職工長の稲木嘉助と、工学校の教師として来日した英国人のアーチボルド・キングを、山尾が平野に斡旋し、機械製造の指導に当たらせた。この二人の技術者を得て、石川島平野造船所は、造船、造機の製造体制を短期間に充実させることができた。

さっそく一番船の建造に取りかかり、初めての洋式船工法で、不慣れな職人集団を駆使して、3ヵ月間で木造外輪の小型蒸気船を完成させた。現在の日本通運株式会社の前身に、ほぼ実費で買い取ってもらう。「通運丸」と名付けられた船は、平野自らが操船して航路の開拓を行った。後の「通快丸」の進水式では福沢諭吉が祝辞を述べた。

鉄道網が未発達な時代の交通手段や人口が増えてき

蒸気船「通運丸」

出所：「船の科学館」所蔵

た東京への物資輸送手段として、蒸気船は大活躍し、船の受注は増加した。

（3）手がけた事業

軍艦を造ることは、平野の夢だった。1883（明治16）年、軍備拡張8ヵ年計画にもとづき、海軍省は3隻の一等砲艦建造を計画した。「愛宕」は横須賀造船所、「摩耶」は神戸の小野浜造船所と海軍の造船所で建造、残る1隻の「鳥海」は、当時最新設備を備えた民間の石川島で建造することが決まった。

かつて平野が操縦した「回天丸」や、ペリーが乗ってきた「黒船」は木造船だった。初めての鉄の軍艦の建造技術は、リベット打ち、鉄板の曲げ加工など従来とまったく異なる。技術の熟練とともに、船台の改築、新鋭の加工機械の輸入などの設備投資、輸入機材の調達と、かかる費用は莫大だった。「鳥海」のでき映えはよく、民間造船所の進歩、技術の著しい進展を示すものだった。進水式には東宮殿下（後の大正天皇）を迎えた。

事業は、造船とともに、船以外の機械製造にも力を入れて、経営に幅をもたせた。当時は大規模な民間工場があまり存在しないため、鉱山機械、橋梁、土木機械、ボイラ、原動機、印刷機械、製紙機械など、さまざまな機械の注文があった。

船を売るための航路を開拓し、安全走行のための運行組合を作り、船が通れるように浚渫《しゅんせつ》工事もした。舶用ボイラを暖房に転用、足尾銅山の鉱山機械を開発、ドコビール軽便（可搬式軽量鉄道）を使って、各地の鉄道、道路や水道工事等を行うために自ら土木組まで作った。電気の有用性を見越して、ペルトン水車で京都蹴上水力発電所も手がけた。

最初に手がけた鉄橋は、1884（明治17）年の都橋（横浜市中区吉田町）。1887（明治20）年には、東京府から注文で、隅田川に人道・車道兼用の鉄橋、吾妻橋を架橋した。鉄材は英国から輸入したものだが、設計、製造、架設はすべて日本人が行った、わが国初の大鉄橋で、民間企業が公共事業に進出する先鞭をつけた。

3．渋沢栄一の貢献

(1) 東京石川島造船所五十年史

1930（昭和5）年に発行された『東京石川島造船所五十年史』の題字と序文は、当時91歳の渋沢が書いている。なぜこの事業に投資したのか、会社設立の経緯と、渋沢の事業への思いを、序文から『　』内で引用する。以下、五十年史と略記し、引用はすべて現代文に書き換えた。

『平野君との関係は、明治13～14年頃からで、第一銀行から石川島平野造船所に資金融資をしたのが始まりである。自分は海運業や造船業には関心がなかったが、日本のように海に囲まれた国では、造船業が必要だと熱心に力説するので援助することにした。第一銀行は、国家の進運に貢献すべき事業を支援する方針だが、本来、営利企業なので、損失を顧みずに支援することはできない。そこで、明治18年に銀行とは別に、華族の鍋島家と宇和島伊達家にも出資をしてもらった。それでも、資金は潤沢ではないので、さらに数名の出資者を加えて匿名組合を作り、明治21年末には株式会社とすることを決めた。（中略）造船、海運事業を発達させなければ、日本の将来はないと痛感し、日本国民たる自分の使命と自覚して事業の拡張にあたった。（中略）古来農業国だった日本で、石川島造船所が工

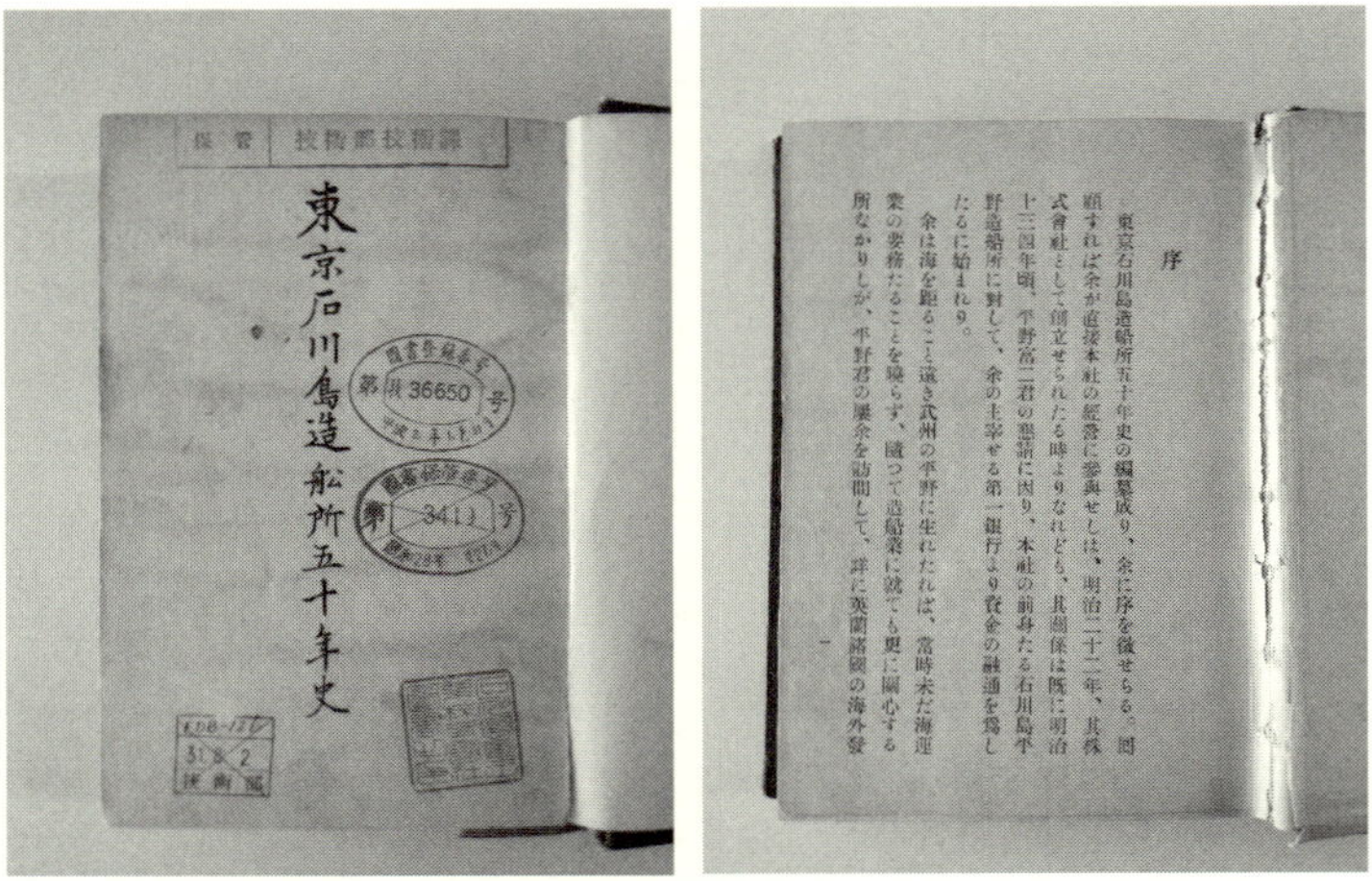

東京石川島造船所五十年史（写真左：題字、写真右：序文）
出所：（株）IHI

業立国の一要素となっていることはとても快い。』

五十年史には、渋沢談としてこんな話も残されている。

『平野という人は私より六つばかり若く、なかなか一途な性格の男であった。で、私はよく、「君は馬車馬のように、前ばかりしか見ないで困る」と叱言をいったものであるが、一途であっただけに当時誰も重きを置かなかった造船業に着目し、敢然とこれを独力でやるだけの勇気も出たのであろう。ともかくさしたる資力もないのに、至難にして必要なる事業に先鞭をつけたのは、殊勝な大志といえるだろう。（中略）私は幾度か「金を貸すべきか、否か」について自問自答を繰り返し、思い悩んだものであった。これはかなりの心労で、今もその頃の思案をまざまざと思い出せるほどである。（中略）当時の造船業は、損得づくでは手の出せぬ事業で、先に融資した十万円に対しても八分の利子をもらったのはただ一期だけであった。』

（2）最初の株主

「有限責任石川島造船所」設立の１８８９（明治22）年、資本総額は、17万５０００円（一株１００円）、株主数は17人で計１７５０株だった。会社創立時の株主名簿は現存していないが、３年目の株主とその持株数が、第３次営業報告に載っている（図表11－１）。渋沢、平野、梅浦、西園寺の４名は設立時委員を務めた。

平野の死後間もない1893（明治26）年に商法が実施され、同年11月24日に登記して、「株式会社東京石川島造船所」と改称し、資本金を25万円に増資するとともに、取締役制に改めた。

初代取締役会長に渋沢が就任し、社長は欠員で、梅浦精一が常務取締役となった。梅浦は、兜町にあった渋沢の事務所に、業務報告、重要案件の相談と日参し、1909（明治42）年には2代目社長となった（初代は平野）。

3代目社長の渡邊嘉一は、工部大学土木科を出て鉄道局に勤務した後、英国グラスゴー大学で学位を取得、鉄道橋「フォース橋」の建設監督となった。スコットランド20ポンド紙幣には、橋の建設に携わった渡邊の姿が描かれている。帰国後、鉄道事業に携わったが、渋沢の推挙で、1912（明治45）年に社長に就任し、1925（大正14年）まで社長を

図表 11-1　最初の株主と持株数（第3次営業報告書（明治25年）記載）

主な株主氏名	持株数	筆者注記：役員任期、由来等（年号はいずれも明治）
渋沢栄一	400	22年会社設立時委員就任、26年商法により取締役就任（会長）42年辞任
平野富二	389	創設者、9年石川島平野造船所社長、22年会社設立時委員就任、25年死亡
松田源五郎	270	26年監査役就任、36年退任、活版所出資、長崎の渋沢といわれた人物
田中永昌	250	26年監査役就任　36年退任
西園寺公成	150	22年会社設立時委員就任、26年商法により取締役就任　33年退任し監査役就任、36年退任、宇和島伊達家の家令
梅浦精一	130	22年会社創立時委員就任、26年取締役就任　42年社長就任

務めた。

そのほか、明治、大正期の歴代取締役には、五代龍作（五代友厚の養子）、栗田金太郎（土光敏夫の義父）、渋沢正雄（渋沢の三男）らが就任している。

（3）論語と算盤の経営

渋沢は、短期では算盤勘定の合わない平野の事業に、私利を超えた論語の精神で投資した。当然ながら融資した資金から得られる利息はきわめて少なかった。

五十年史には、こんな逸話がある。『「石川島は儲けたいためには、契約を破棄するところなのか！」渋沢さんのその一言はそれ以降、石川島の作業を貫く精神となり、石川島の信用はこの一言によって救われた』。客先との仕様が合わず、輸入材料も高騰する中で、注文をキャンセルしようとの役員会議で、渋沢が激怒。その後、顧客も状況を理解し、以後良好な関係が続いたという。

渋沢の自負の言葉も残されている。『石川島の業績は必ずしも順調ではなく、浮沈消長の変化が激しかったが、なんといってもその歴史は古く、職員、職工ともに経験に富んだ熟練の人たちばかりであるから、社運に高低はあっても、その製品の信用がゆるがないのは、石川島の暖簾《のれん》によるものといえる』

「事業を展開する本質目的は国益」「企業は人」「お金を正しく儲けなければ何もできない」と渋沢は言っている。この精神は、現在のＩＨＩの経営にも受け継がれている。

「国益」は、「技術をもって社会の発展に貢献する」という経営理念で実践している。かつて、外国製の機械を使いこなし、国産化を手探りで研究した。帝都最大の機械工場は、帝国大学工学科の教授たちにとっても格好の研究実験室だった。それは、ＩＨＩが得意とする「初号機」の歴史を築き、現在も技術の総力を結集した製品を世界に供給している。

現在のＩＨＩの売上の８、９割は、社会インフラ、産業インフラである。社会インフラを提供することで、社会の発展に寄与するとともに、ＩＨＩの顧客である企業に産業インフラを供給することで、顧客とともに、技術で社会の発展に貢献することができる。

「企業は人」は、経営理念の「人材こそが最大かつ唯一の財産である」に該当する。１８７９（明治12）年末、日本橋・京橋界隈を焼き尽くす大火で、創業間もない造船所は、貴重な材料と建物を消失し、大損害を被った。街に多くの失業者が出た中で、「平野の印刷工場では、女が働いている」と評判になった。せめて、女性にも職を与えたいとの平野の思いだった。

現在、経営方針に人材ダイバーシティの重要性を明記し、ＩＨＩのジェットエンジン工場は、多くの女性たちが支えている。

私たちＩＨＩは、渋沢が発展させた会社であることを誇りに思い、会社を維持する喜びを継続していく。願わくは、今少し算盤を上手く弾いて、さらに社会に還元できる会社として発展していきたい。

【第12章】　まちづくりに生きる渋沢栄一の理念／東京急行電鉄

1．東急のまちづくり：私鉄、もうひとりの創業者・渋沢栄一

東京急行電鉄株式会社（以下、東急電鉄）は、東京・神奈川の城西南地区に路線を展開する私鉄企業であり、連結での営業収益が1兆円を超える東急グループの事業中核会社である。グループの多くの事業は沿線エリアを中心に、生活価値向上を目指すサービス業が主体であり、鉄軌道事業そのものについてはグループ収益の2割程度に過ぎない。社名からくる鉄道業のイメージに反して、東急グループは多摩田園都市に代表される沿線開発・不動産事業を主体とする「まちづくり」の企業群である。

東急電鉄の創業は1922（大正11）年9月であり、渋沢らによって設立された「田園都市株式会社」の一部門であった電気鉄道敷設事業を分離独立して設立された目黒蒲田電鉄株式会社が母体である。田園都市株式会社は、1918（大正7）年9月、理想的な住宅開発である

田園都市構想の実現を目指して設立され、洗足・大岡山地区、多摩川台地区（現在の田園調布、玉川田園調布）など約40万坪にわたる住宅土地の分譲、販売を進めた企業である。

目黒蒲田電鉄株式会社は、1923（大正12）年に目蒲線（目黒～蒲田間）、1929（昭和4）年に大井町線（大井町～二子玉川間）を全通させ、その前年（1928年）には親会社であった田園都市株式会社を吸収合併して開発事業を引き継ぐこととなる。東急の創業者は、この年に同社代表取締役に就任し、その後の東急グループの発展の基礎を築いた五島慶太（1882～1959）である。

五島は、地域間をつなぐ「点と線」での展開を進めていた他の私鉄と異なり、開発事業

目黒蒲田電鉄 東京横浜電鉄 社旗

出所：東京急行電鉄（株）

を絡めた「面での事業」を精力的に展開した。池上電気鉄道・玉川電気鉄道を傘下に収め、1939（昭和14）年には東横線の母体となる東京横浜電鉄株式会社に改組、さらには1942年（昭和17年）には小田急電鉄・京浜電気鉄道を合併して、同年5月、社名を「東京急行電鉄株式会社」とした。さらに1944（昭和19）年5月には京王電気軌道を合併し、「大東急」時代の幕開けとなる。

戦後は、東京南西の丘陵地へと東急田園都市線が延伸し、1984（昭和59）年に大和市の中央林間駅までの全線が開通、定住人口60万人を超えるまちづくり「東急多摩田園都市」が完成をみる。多摩田園都市における住宅開発の歴史や手法についても、大正後期の田園都市株式会社以来の「鉄道延伸を進めて

目黒蒲田電鉄 東京横浜電鉄両社の本社（1924年）
出所：東京急行電鉄（株）

郊外エリアを開発、住宅地として販売することで沿線人口を増やし、ターミナル駅や沿線エリアでの商業・サービス業などを展開」する、私鉄事業のビジネスモデルに依っている。

現代では東急線沿線といえば、その主要駅が「住みたい街ランキング」の上位になるなど、開発エリアの住みやすさ・ブランド力の高さが評価されている。渋沢らの「田園都市構想」は、こうした私鉄による郊外まちづくりの原点であり、渋沢は鉄道主体の沿線住宅開発の始祖として、私鉄における「もう一人の創業者」といってもよいだろう。

2．渋沢栄一と鉄道：サン＝シモン主義、資本主義確立のための鉄道事業

田園都市株式会社の設立（1918（大正7）年）以前から、渋沢の鉄道（私鉄）事業に関する興味は深く、多くの私鉄の誕生にかかわっている。東京鉄道会社（1876（明治9）年）、日本鉄道会社（1881（明治14）年、理事委員・相談役）、京阪電気鉄道（1906（明治39）年、創立委員長）など、国内だけで二十余の鉄道会社の設立・経営に関与した。国外でも京城～釜山間の京釜《けいふ》鉄道の敷設・全通（1905（明治38）年）に貢献している。

鉄道事業は大規模な資金調達や設備投資が必要な事業であり、用地取得から開業まで事業化にかかる時間も長い。こうした鉄道事業に対して、渋沢は強い想いを持ち続けていたことがわ

かるのだが、それは何によるものであるか。その背景には若き日の渋沢の転機と重ねて考えるべき事実があるように思われる。

1867（慶応3）年のパリ万国博覧会は、日本が正式に初めて参加した国際博覧会であり、渋沢は徳川昭武（将軍慶喜の弟）の随員（会計兼書記係）として参加している。渋沢は万博終了後も昭武公と欧州各国を視察し、その後の人生の転機になったといわれている。

当時のフランスはナポレオン3世の帝政下にあり、「サン＝シモン主義」者による産業の組織化、近代資本主義の確立が進められていた時代である。パリ万博はまさしくこうした時代の渦中にあったイベントであった。

当時フランスは、産業化の立ち遅れを取り戻すべく、鉄道・土木事業、金融機能としての銀行、合本組織（株式会社）などの資本主義社会確立のためのインフラ整備に力を入れており、渋沢はこれを目の当たりにしたのであろう。サン＝シモン主義者とは、「政治には興味を持たず、経済の安定のもとで」「プロテスタント諸国が一世紀かけて達成した近代的資本主義を」「その根幹をなす産業分野にて一種の促成栽培的に作りだすシステムを開発して、これを上から社会の各分野に応用しようと試みた」ものたちの思想であり、この時代、鉄道は株式会社、銀行と並ぶ「サン＝シモン主義の三種の神器」の一つであった（鹿島、2011）。

渋沢は、「日本資本主義の父」と称されるが、その財界人としての思想と経験が官製主導での鉄道事業化の難しさを乗り越えようとする原動力であったことは想像に難くない。日本の鉄道事業、とりわけ私営鉄道における発展の歴史とその成果もまた、渋沢の残した大きな事業的遺産なのである。

3．田園都市株式会社の理想：渋沢栄一とその息子・秀雄、そして五島慶太

1916（大正5）年、喜寿を迎えた渋沢は、第一銀行の頭取職の任期が満了となったのを機会として実業界を引退する。このとき渋沢は「一切の責任ある地位を引退する」と宣言しているが、「しかしながら老齢事をなすに耐えない程度衰頽していたとは信じなかったので、余生を公共事業に捧げ、すなわち外交または社会政策などその根源は財政経済にあるのでこれについては相談にあずかり、また進んで関係し尽力するためには、死ぬまで力を尽す決心をしたのである」とも表明している。引退後は、主には公共性の高い事業の相談ごとや社会活動に専念すると宣言したのである（『雨夜譚　余聞』第10章）。

田園都市株式会社の設立は1918（大正7）年であるから、その事業化は渋沢の引退後ということになる。引退後の渋沢は、どのような思想や時代背景のもとで、大規模開発事業としての田園都市構想を進める決意をしたのであろうか。

渋沢は田園都市株式会社の創立時、発起人総代を務めていたが、同社の「会社設立趣意書」には、その会社創設の目的が次のように示されている。

「要は紅塵萬丈たる帝都の巷に棲息して生計上衛生上風紀上の各方面より圧迫を被りつつある中産階級の人士を、空気清澄なる郊外の域に移して以て健康を保全し、かつ諸般の設備を整えて生活上の便利を得せしめんとするにあり。田園都市の目的実に斯くの如とし」

また、田園都市株式会社が目黒蒲田電鉄と合併する前年、1927（昭和2）年には、渋沢自身が多摩川園（目黒蒲田電鉄が開発地域内に開業した遊園施設）で開催された、自身の歓迎謝恩会での演説で以下のように述べている。

「回顧すれば老生は維新前より数回欧州の諸邦を旅行し、其大都市を観察するに各商店は概ね店舗と住宅を異にし、而して其住宅は多く都塵を避けたる郊外に在りて、朝に店舗に来たり夕に住宅に還るを常とせり、然るに我が東京市の如きは古来の慣習上店舗住宅同一なるが為に、緊要の商業地区を庭園庖厨等に浪費して各般の施設を妨ぐるのみにならず、風紀衛生上に及ぼす弊害も亦少からず、之を改善するは実は都市に於ける地積の経済にして同時に商工業発達の一助たるべきを痛感せり。」（『東京横浜電鉄沿革史』）

すなわち渋沢は、住宅地区と商業地区とを明確に分離することによって、郊外に健康的かつ健全な住宅地をつくること、そのことが新たな生活様式を提案することとなると考えたのである。特に欧米の実業家のモラルの高さは職業を離れた私生活の充実によるものであり、商業人のモラルを高めることが、日本の資本主義を健全な姿に導くと確信したのであろう。

また、この時代、東京市の人口は1901（明治34）年に201万人であったものが1915（大正4）年には335万人を超え、旧市域では人口の過密化が深刻な問題となっていた。無計画な都市化現象のもたらす社会的な影響を心配した渋沢は、欧米の理想的な市街地開発を模範に「田園都市構想」を進めたのである。

渋沢は発起人として田園都市株式会社を創立したが、事業化の推進は末男の秀雄が担当した。渋沢秀雄は、住宅開発の調査のため1919（大正8）年8月、米国経由で欧州11ヵ国を視察、翌年5月に帰国している。この時代の欧米における「田園都市構想」というと、英国の都市計画家であるエベネザー・ハワードの『明日の田園都市』（1902年再刊）によるロンドン郊外の衛星都市レッチワースの街づくりが挙げられる。渋沢秀雄はこれらの欧米の事例を参考に、プランナーとして田園都市の街づくりに参画した。現在でも田園調布地区に残る曲線街路の美しい街並みや公園、緑地比率の高い市街地づくりは渋沢秀雄の成果である。

田園都市づくりの一環となる鉄道の敷設は、1920（大正9）年に荏原電気鉄道の免許を譲り受け、その2年後に着手された。しかし当時の田園都市株式会社の経営陣が鉄道には素人であったこともあり、箕面有馬電気鉄道（現・阪急電鉄）の経営者であった小林一三の推挙により、五島慶太（鉄道院を退官後、武蔵電気鉄道の常務であった）が経営に参画することとなった。

田園都市株式会社の総力を結集した分譲地は、1923（大正12）年8月に販売が開始されたが、その直後同年9月に関東大震災が東京を襲った。しかし同社の経営地の大部分が丘陵台地にあったこともあり被害が少なく、あらためて田園都市開発地区の安全性が注目され、郊外への住居移転が人気を博すこととなった。その後の田園都市の開発は、五島慶太のもとで目黒蒲田電鉄や東京急行電鉄によって拡大していったのである。

第2次大戦後、1947（昭和22）年に公布された「過度経済力集中排除法」により大東急時代は終わり、ほぼ現在の姿に再編成されたが、1949（昭和24）年に終戦直後から実施されてきた都市部への転入規制が解除されると、大都市への人口流入が激化し再び住宅難が顕在化した。戦時中、運輸逓信大臣を務め公職追放となっていた五島慶太は、会長復帰後の1953（昭和28）年に城西南地区・大山街道（国道246号線沿い）の土地所有者を集め「城西南地区開発趣意書」を発表する。その中で五島は、渋沢親子が開発の参考事例としたロンドンの街づくりを引用し、さらなる田園都市づくりが東京の人口問題を解決する唯一の道であると説いている。渋沢の田園都市構想の理念を生かすことで、戦後の多摩田園都市開発も進んでいったのである。

4. 東急の経営理念と人材育成

渋沢はその著『論語と算盤』で道徳経済合一説の重要性を示した。それは、実践を重視しながらも「志と合理性」の両方をバランスよく尊重することが事業の永続的な利益をもたらすことを訴えるものであり、その思想が多くの事業を生み出す原動力となった。東急グループにおいても、渋沢の残した街づくりへの理想を通じて、企業としての志である経営理念と、合理性にもとづく経営の実践の双方において、その思想が受け継がれている。

東急グループの存在理念には「美しい生活環境を創造し、調和ある社会と、一人ひとりの幸せを追求する」ことが謳われ、経営理念には「信頼され愛されるブランドを確立」し「自然環境との融和」を目指す経営姿勢が示されている。経営理念として生活環境・自然環境との調和が強調されており、都市生活者との信頼関係に根ざした街づくりによる社会への貢献が意識されている。

経営理念が「変えてはならないもの」であるのに対して、事業の合理性は社会の変化に順応しながら「変えなくてはならない」ものであろう。現代の私鉄をみても、過去のビジネスモデルにとらわれているばかりではない。小林一三や五島慶太の時代、私鉄経営のビジネスモデルは、オフィス街にターミナル駅と百貨店、郊外に娯楽施設を配し、その中間に住宅地を造成した。先に述べた職住分離のモデルであり、鉄道が通勤・買い物・行楽の足を担うというものであった。このモデルは、経済成長を志向し、核家族を主体とする大衆消費社会には効率がよかったものの、団塊世代の引退と少子化傾向という時代の変化によって、すでに限界を迎えつつある。

東急電鉄は、沿線にある二子玉川の再開発地区で、住宅開発ばかりではなく高層オフィスと大型商業施設・都市型ホテルを配し、「住みたいだけではなく働きたい街を目指す」（野本弘文・東急電鉄社長）新たな試みとして職住近接のモデルを提示している。「情報発信」や「自然との共生」を新たな街の機能として掲げることで、これまでにない街づくりのコンセプトを掘り起こし、新たなライフスタイルを提案している。また、多くの私鉄企業でも、シェアハウスやＳＯＨＯなどを組み込んだ、新たな街づくりの息吹を感じさせるプロジェクトを進めている。育児や介護の問題を抱える世代への支援や、新たな働き方を提案することで現代の社会問題を解決しようと志向しているのである。

東急電鉄では、２０１２（平成24）年の4月に、「10年先の社会情勢・事業環境を見据えた実効性の高い人材の『育成』『活用』『支援』」をテーマに、人材育成体系を再構築した。視座を高く維持し長期的な視点で経営を担える人材の育成が、街づくりの事業には不可欠である。

まさしく10年先の2022年は、目黒蒲田電鉄創業から数えて創立100周年を迎える年となる。

また2015（平成27）年を始期とする経営計画の柱として、新たな生活視点に立つ「ライフスタイル・イノベーション」、新たな働き方を提案する「ワークライフ・イノベーション」を事業コンセプトとして掲げている。東急電鉄では、多様な事業を通じて都市生活者の生活価値を向上させ、社会的な問題解決に貢献できる人材を育成しているのである。

渋沢は『論語と算盤』で「真正の利殖は仁義道徳にもとづかなければ、決して永続するものではない」と述べている。事業として永続性をもつ私鉄の街づくりは、渋沢の理想を具現化したものに違いない。

【第13章】『航西日記』から学ぶアデランス

1．『航西日記』に学ぶ

株式会社アデランス（以下、アデランス）は、１９６９（昭和44）年に男性用ウィッグ（かつら）販売会社として設立し、その後女性用ウィッグのフォンテーヌを買収することにより女性用ウィッグ市場にも業容を広げている。２０１６（平成28）年１月現在、ウィッグおよび自毛植毛医療技術を提供する業界最大手の総合毛髪関連企業として、世界16ヵ国でグローバルに事業を展開し、欧州では英国、フランス、ドイツ、ベルギー、オランダ、スウェーデン、ノルウェー、デンマークの８ヵ国に子会社を持っている。

図表 13-1　アデランスの世界ネットワーク

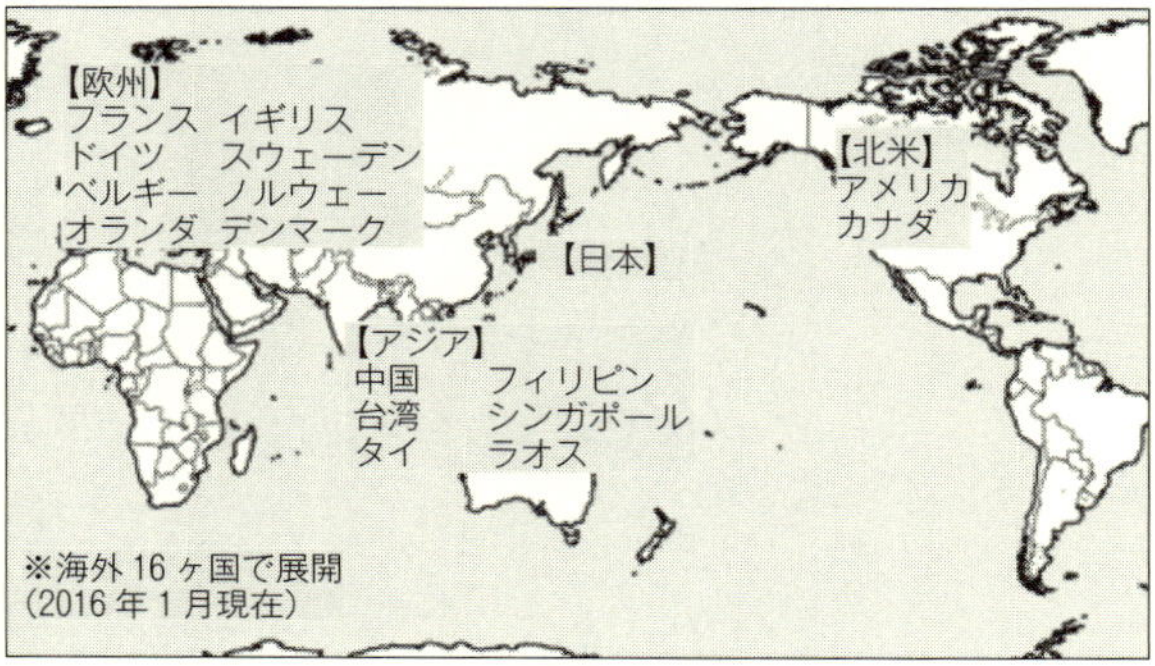

アデランスの欧州諸国への広がりは、渋沢が将軍慶喜の弟・昭武の随員として渡欧した内容をまとめた『航西日記』に記されている国々と驚くほど一致している。

まず、『航西日記』の内容を見てみたい。渋沢は、徳川慶喜の弟の昭武の「パリ万博親善使節」の一行に加わり、1867（慶応3）年1月にフランス郵船アルヘー号に乗船、横浜港を出発し、上海、香港、シンガポールを経て、スエズから陸路でアレクサンドリアへ、そして再び海路でフランスのマルセイユへ入った。

船の中での毎日は、そのまま西洋の暮らしとなっており、パンと牛乳の朝食、豪華なディナーを経験しながら、途中立ち寄った上海ではガス灯で照らされた道路、スエズでは民間資本を導入した大規模運河開発、鉄道を利用し陸路での移動、渋沢にとってすべてが初めて目にし、体験するものばかりであった。

渋沢は、フランスのパリ万国博覧会視察の後、スイス、ドイツ、オランダ、ベルギー、イタリア、英国と巡回し、高度な軍事技術から新聞印刷の技術に至るまで、さまざまな西洋の進んだ技術や社会の仕組み、そして軍人（武士）と民間人（商人）の対等な関係などを目の当たりにした。

『航西日記』
出所：国立国会図書館所蔵

帰国後は、欧州で学んだことを次々と具現化するために、銀行、通信、エネルギー、鉄道、劇場、病院など、明治・大正期に500を超える企業・組織を立ち上げることになる。そうした渋沢のグローバルなスケールを持った企業家としての原体験を『航西日記』から知ることができる。

次節から、渋沢が『航西日記』の中で見聞きした原体験を現代に生かすために、アデランスが取り組んだ欧州の新たな社会制度の導入、渋沢がフランスで見たオペラ座など舞台芸術、病院や福祉施設といった社会事業への貢献を、CSRの視点を含めながら紹介していきたい。

2. 欧州の新たな社会制度の導入

渋沢は、前節で述べたように欧州の社会制度を学び、銀行や保険会社などといった新たな金融制度の日本への導入を果たした。

アデランスでは、欧州の医療用ウィッグへの公的助成金制度を知り、その導入のために世界で初めて「医療用ウィッグのJIS化（国家規格化）」を推し進めた。

2012（平成24）年に、アデランスの創業者であり会長兼社長の根本信男は、欧州子会社の現況を視察するためフランス、オランダ、ドイツ、デンマーク、スウェーデン、英国の6ヵ国を巡回視察した。

その時に根本は、欧州各国に医療用ウィッグへの公的助成金制度があることを知った。欧州では、この助成金制度によって抗がん剤治療の副作用によって髪の毛を失った人たちが、安心してウィッグを購入している。日本にもこうした助成制度、保険適用や医療費控除などを導入すれば、経済的理由でウィッグを購入できないでいる人たちへの大きな助けとなると考え、アデランス内に「医療ウィッグプロジェクト」を立ち上げた。

同プロジェクトは、公的助成制度確立のための第一歩として、医療用ウィッグの明確な定義化と品質の確保を実現するため、国家規格であるＪＩＳ化を目指すことにした。

欧州では医療用の公的助成金の対象として認知されているウィッグも、日本の公的機関では日用雑貨品的な商品とされていた。そこで業界団体である日本毛髪工業協同組合の事務局長と一緒に経済産業省の担当者を訪ね、「なぜウィッグは医療用としての価値を持つのか」といった説明に当たった。欧州における医療用ウィッグの助成金制度の存在を伝えたことで、経産省の担当者がウィッグの医療的意義に興味をいだき、経産省の指導の下、業界団体として、ＪＩＳ化を目指すことになった。

アデランスという一企業の社会的責任（ＣＳＲ）としてスタートしたＪＩＳ化への思いが、業界団体として社会的責任を果たすために、行政と一体となって動き出した瞬間である。

２０１２（平成24）年11月に経産省から日本規格協会を紹介され、医療用ウィッグＪＩＳ化への活動は、公的な一歩を踏み出した。２０１３（平成25）年11月に第1回ＪＩＳ化原案作成委員会が開かれ、世界でも初めての試みとなる医療用ウィッグに対する国家規格への討議が正式に始まった。原案作成委員会の委員長に大阪大学の板見教授、副委員長に東京大学の真田教授が就任し、経産省、日本規格協会、日本毛髪工業協同組合だけでなく、消費者団体、ウィッグ使用者代表も加わった。そこで、医療用ウィッグとは何か、医療としての適用範囲はどこまでとするか、そのためにはどんな材料を用い、どのような生産プロセスを必要とするかが何度も討議され、医療用基準としての枠組みが整備されていった。そして、２０１５（平成27）年4月、医療用ウィッグのＪＩＳ規格が制定され官報に公示された。

欧州の医療用ウィッグへの公的助成制度といった先進事例が、行政を動かし、業界団体を一つにまとめて、新たな制度（規格）を実現した事例といえる。今後は、ＪＩＳ化という明確な基準を持ったことを裏づけとして、医療用ウィッグの保険適用、または医療費控除の実現を目指して、さらなる一歩を踏み出すことになる。

3．欧州へのビジネスモデルの逆輸出

（1）病院内ヘアサロン

医療用ウィッグのこうした社会的認知の高さを欧州から学んだアデランスでは、抗がん剤治療の副作用による脱毛に悩む人たちに高品質のウィッグを提供するため、病院の中に理美容ヘアサロンを展開している。

「病院内ヘアサロン」とは、乳がんなどの抗がん剤治療の副作用で脱毛してしまう患者に対して、病院内にバリアフリー環境の理美容サロンを開設して、医療向けウィッグの相談に乗るといったサロン展開のことを指す。国立がん研究センター中央病院のアピアランス支援センターが2009（平成21）年に実施した調査によると、「抗がん剤治療による副作用の苦痛度ランキング」で、がんに被患した女性にとって「頭髪の脱毛」が苦痛度の第一位となっている。

従来、患者から脱毛の相談を受けた医師も看護師も、どのメーカーのウィッグを紹介すればいいのかわからず苦慮していた。そこで、病院の意向に応える形で2002（平成14）年に静岡県立静岡がんセンターにバリアフリー環境の病院内ヘアサロン第1号店を開設し、2016（平成28）年1月現在では全国24ヵ所の病院にヘアサロンを展開している。

開設以来、患者だけでなく、病院関係者からも感謝され、アデランスにとっても医療用ウィッグを紹介する機会となり、「三方よし」の関係がしっかりと構築できている。

車イスから固定式の美容イスに移る時に苦労している患者の様子を見て、「車イスに乗りながら調髪や洗髪などの施術を提供できないだろうか」という現場の声が上がり、可動式理美容イスをアデランス「病院内ヘアサロン」全店舗に導入している。

こうした「病院内ヘアサロン」の展開は、国内にとどまらず、スウェーデン4店舗、オランダ3店舗、ドイツ1店舗と欧州に8店舗の広がりを見せている。特に、ドイツの病院に開設したヘアサロンは、既存の病院内ヘアサロンの買収ではなく、日本の病院内ヘアサロン企画にもとづいて、医療用ウィッグを取り扱うヘアサロンの重要性や意義を説明し開設に至ったもので、今後のアデランス型病院内ヘアサロンの欧州での本格的な展開が期待される。

ソールグレンスカ病院の病院内ヘアサロン「サロン ヴィヴィ」（スウェーデン・ヨーテボリ市）

出所：（株）アデランス

『航西日記』の中で、渋沢は1867（慶応3）年6月にフランスの病院を視察し、患者の立場を深く配慮した病院施設のあり方に大いに感銘し、「これこそ人命を重んずる道である」と記している。渋沢にとって養育院や日本赤十字社の設立に尽力することになった原点ともいえる体験である。

渋沢が日本で設立した欧州型病院施設の中で、アデランスの「病院内へアサロン」がグローバルな広がりを進めている。

（2）帝国劇場とエンターテイメントウィッグ

1867（慶応3）年5月にパリのオペラ座で皇帝主催観劇会が催され、渋沢はオペラを観劇した。その際に受けた芸術性の高さへの感動が、『航西日記』の中で詳しく書かれている。たとえば、渋沢の興味は、バレーダンサーのきらびやかな衣装、舞踏の美しさ、歌唱と音楽との相和性から、ガス灯を使った照明など舞台装置の素晴らしい効果にまでおよんでいる。この時の感動が、帰国後、1911（明治44）年の帝国劇場の設立につながったと考えられる。

アデランスもこうした舞台芸術の世界では大きな役割を果たしている。

1981（昭和56）年に英国のロンドンで初演されたミュージカル「キャッツ」は、1983（昭和58）年に日本での初上演を果たした。この公演に先立ち、アデランスはキャッツの舞台での動きに対応できるエンターテイメントウィッグの開発に劇団四季とともに取り組んだ。1980年代当時には、自然な毛質を保ちながら結着部はしっかりとしていて、かつ使用する俳優のために通気性が優れたウィッグというものは世の中に存在していなかった。

ロンドンのウエストエンド、ニューヨークのブロードウェイなどで上演されるミュージカルでは、舞台裏で多くのヘアスタイリストが一人ひとりの俳優のウィッグをその場で直しながら演じていた。

一度作ったウィッグが舞台のロングランにも耐えられるように、劇団四季とアデランスの共同プロジェクトによって、演出家や俳優たちの使用目的に合った舞台用エンターテイメントウィッグの開発に成功し、無事日本での初上演が実現した。

「お悩みの解決」でスタートしたウィッグ開発技術が、エンターテイメントの世界でも大きな役割を担えた瞬間である。現在では、劇団四季の作品だけでなく、東宝ミュージカルや宝塚の舞台へと活動を広げ、多くの人気テレビ番組でもアデランスのエンターテイメントウィッグが使われている。

こうしたエンターテイメントウィッグの技術は、社内のヘアメイクアップ専門部門「スタジオＡＤ」によって提供されている。スタジオＡＤは、渋沢が設立した帝国劇場において、２０１５（平成27）年には、東宝ミュージカルを代表する「エリザベート」、「ラ・マンチャの男」、

「ダンス・オブ・ヴァンパイア」の舞台を、多くのウィッグとヘアメイク技術によって支えている。

スタジオADの責任者である山田操がつちかったエンターテイメントウィッグ技術は、国内外の舞台関係者から高い評価を受けており、次のステップとして、英国のウエストエンドでの舞台公演への進出を目指している。

(3) フォンテーヌ緑の森キャンペーン

渋沢が欧州から学んだものの中に、自然環境との協調といったことがある。たとえば、渋沢が1918(大正7)年に立ち上げた「田園都市」開発における自然環境への配慮は、環境保護を基盤においた英国の田園都市レッチワースを参考にしている。

アデランスの自然環境対応活動としては、フォンテーヌ緑の森キャンペーンがある。フォンテーヌ緑の森キャンペーンとは、「古くなったウィッグを捨ててしまうと焼却する時に何か有害物が出てしまうのではないですか」といった顧客の声に応えて2009(平成21)年から始まったエコサイクルキャンペーンである。アデランスのレディメイドウィッグを取り扱うフォンテーヌ事業が、全国の百貨店と直営店を中心に毎年実施している。

レディメイドウィッグの多くはポリエステルでできているため、家庭ゴミとして焼却されると微量ながらCO_2が発生してしまう。

そこで「古くなって不要となったウィッグを回収します」というDMを顧客に送付し、古いウィッグを持ってきた顧客の気持ちに応えるために、その顧客が新しいウィッグを購入した際にその売上の一部を植林に回すといった取組みとなっている。もちろん回収したウィッグは、専門の廃棄物処理業者と契約をし、一般の焼却施設よりも厳しい基準の下で処理している。

また、CO_2の発生という負の要素を軽減するだけでなく、顧客の思いに応えて植林というプラスの要素を増やしていくといった顧客を中心に置いたエコサイクルの仕組みが社外の専門家から高い評価を得る結果となった。

こうしたエコサイクルキャンペーンへの社外からの高い評価を、店舗のチーフやスタッフに伝えたところ、その後、キャンペーンの売上が大幅に増加した。これは、自分の仕事が社会貢献に寄与し、やりがいやプライドにつながったことが営業活動のうえでどれだけ大事かということを端的に表している。まさに、渋沢のいう「道徳経済合一」が小さな形で実現している例といえる。

こうしたアデランスの取組みに対して、欧州におけるCSR研究者であるレスター大学のワグナー教授が深く興味を持ち、彼の推薦により、本キャンペーンを中心に、病院内へアサロンなど独自性を持ったCSR活動について、アデランスがレスター大学で特別講義を行うことになった。

環境問題への対応をCSRの中心にとらえる欧州において、日本の歴史的な商人哲学である「三方よし」、そして渋沢の『航西日記』の実践という考え方にもとづいたCSRへの取組みを、欧州を代表する大学の一つであるレスター大学において発表することに、日本型CSRの欧州への逆輸出としての意義を強く感じる。

欧州の医療用ウィッグの公的助成金制度の導入を目指した医療用ウィッグのJIS化、渋沢が欧州滞在中に感動した舞台芸術や病院とのアデランスの深いかかわり、欧州のCSRの中心的考えである環境問題への対応といったことを「現代版航西日記」の実践として述べてきた。

今後は、渋沢が『航西日記』の中で巡回した欧州諸国において、アデランスがまだ進出をしていないスイス、イタリアなどへ事業を拡大し、「現代版航西日記」の実践を図り、渋沢の持ったグローバルな事業スケールを具現化する中で健全な企業成長を期待したい。

アデランスのCSR経営の根幹にある「三方よし」の考え方や渋沢の「道徳経済合一説」に共通するのは、人々、社会、自然環境との協調観であり、渋沢が日本を代表する企業人として歴史に名を残す原体験を綴った『航西日記』は、多くの企業や人々にとって、未来に向けた示唆に富む、大事な指針となるはずである。

【第14章】「道徳経済合一説」から学ぶ味の素

1．道徳経済合一説と共通価値創造（CSV）

渋沢は、第5章などで既述のように、「仁義道徳と生産殖利とは、元来ともに進む」という「道徳経済合一説」を掲げた。加えて、『論語と算盤』の中で、「真正の利殖は仁義道徳にもとづかなければ、決して永続するものではない」と述べている。彼は実業における仁・義・道徳を具体的に次のように述べている。

仁と道徳について、渋沢は『実験論語』の中で、「仁が道徳の基本であり、実業も仁が基本である」としている。そのうえで、「会社の利益を追求するのは当然であるが、同時にこれによって公益を追求しなければならないと信じ、今日までその方針で万事にあたってきたつもりである。このことは、孔子が『論語』にて説いてきた広義の仁を、現代の日本で実地に行おうとする意志によるものである」と記している。彼は、公益追求の高い志によって収益活動を行うことが仁であり、道徳の基本と捉えている。

義と道徳について、渋沢は、道徳経済合一説の中で、「孔子は、義に反した利はこれを戒めていますが、義に合した利は、これを道徳のかなうものとしておることは（中略）明らかであります」と記している。彼は好悪ではなく、正しい道で利益を追求することを義とし、その利益は道徳にかなうと捉えている。

よって、渋沢の道徳経済合一説は、公益追求に対する高い志を持ち、正しい道によって企業を経営し、同時に利益を得ることを意味する。

企業戦略を専門とする米国の経営学者であるポーターとクラマーは、2002年に社会貢献活動と事業価値を結びつける戦略的フィランソロフィーの概念を提唱した。その後、2006年に戦略的CSR、2011年には企業の事業活動を通じて社会的な課題解決を目指すCSV（Creating Shared Value、共通価値の創造）へと発展させている。

ポーターらのCSVの議論は、公益を追求しながら利益を獲得するという意味で、渋沢の道徳経済合一説と親和性がある。

ただし、本当に社会的な課題解決を目指すのであれば、企業は、将来有望視される市場だけではなく、BOPビジネスのようにきわめて規模が小さく、将来性も不確実な困難な市場に参入し、必ず成功させることを求められる。

また、このような市場に一度参入してから経済的要因などを理由に撤退すれば、社会的弱者の生活基盤を脅かすとのレッテルを貼られてしまい、自社のレピュテーションリスクに直面してしまう。

このような困難を乗り越えることは、道徳経済合一説が企業経営者に、社会的な課題を解決するという高い志の下、それをビジネスとして必ず成功させる覚悟と地道な努力を求めていることと一致する。一方で、ポーターらのCSV活動の場合、その参入や撤退の困難をほとんど意識していないところに問題がある。

よって、道徳経済合一説とCSVの間の差異に着目することで、現代経営の観点から、道徳経済合一説の本質を捉えることもできそうだ。

2. 道徳経済合一の実践：味の素の東南アジア事業

味の素株式会社（以下、味の素）は、資本金798億円、売上高1兆円超、従業員3万1300名の東証一部上場の食品メーカーである（2015年3月31日時点）。創業は、池田菊苗博士が、当時の日本人の栄養状態の改善を目的として1908（明治41）年にうま味成分（グルタミン酸）とその製造法を発見し、その考え方に共鳴した二代目鈴木三郎助が翌年に世界初のうま味調味料「味の素」を事業化したことに求められる（グルタミン酸は食欲を増進し、栄養の吸収を高める効果がある）。

味の素は、日本人の栄養改善という高い志を持ち、それと収益活動を両立させるという意味で道徳経済の合一を実現した。そして、同社の東南アジア進出も栄養改善という高い志を受け継いだ道徳経済の合一を実現している。このことは、「味の素」の製造・販売が川上から川下まで徹底した現地主義、人を大切にするマネジメントで行われていることに見られる。

まず、味の素は、東南アジア各国に工場を建て、現地の人間を採用して雇用確保を行う。同時に、アミノ酸発酵から出てくる有機物豊富な副産物を周辺農家に安く還元することで、「味の素」の原材料となるサトウキビやキャッサバイモの収量の増加と安定的な原料確保を図る循環型ビジネスモデルを構築している。

次に、同社は、最下層の貧困者に商品を提供するため、彼らがワンコインで買えるよう商品の容量を調整する。そして、彼らの居住先にも商品を供給するため、地理を知り尽くした現地の人を販売員として雇用する。現地販売員による直販体制を作り、彼らが物流から資金回収までできるよう教育し、雇用確保や自立支援に加え、将来マネジメントができる人材の育成も行う。

さらに、貧困者の家庭は調味料がほとんどなく、食事が不味くて食欲が湧かないことがわかっている。「味の素」を使用すると、食事を美味しくする効果、同じ食事量でも栄養の摂取を増加させる効果があるため、彼らの食欲不振を解消するのと同時に栄養状態の改善に寄与する。

このように、味の素の東南アジア進出は、貧困者の栄養改善の解決を目的として、現地の人を大切にするマネジメントにより、同社売上高の20％以上（アジア地域）を占める中核事業へと成長させている。それは道徳経済合一の実践そのものであり、戦略的ＣＳＲの活動にもなっている。

ＣＳＲ担当部長は、「東南アジア進出は、経営理念にもとづく必然的な活動として始めたが、近年、その意義を明確にすべきと考えて戦略的ＣＳＲとして再認識し、社内外で報告している」と述べる。彼は、高い志に根ざす道徳経済の合一を肌感覚で理解したうえで、具体的活動を人気の高い戦略的ＣＳＲと呼称している。両者の親和性を上手く利用していると考えられる。

3．道徳経済合一の応用：ガーナ―栄養改善プロジェクト

ガーナ―栄養改善プロジェクトは、２００９（平成21）年にガーナ大学と共同で進めていた

必須アミノ酸リジンによる栄養改善活動を発展させ、持続可能なビジネスとして行うことを目的に始められた。

一般的に妊娠から子供が2歳の誕生日を迎える1000日間の栄養不足は、知育と体躯の成長不足を引き起こし、それ以降、いくら栄養を摂取しても取り戻せないとされる。ガーナでは伝統的な離乳食KOKO（発酵トウモロコシを原料とするお粥）の栄養価が低いため、標準より身長の低い2歳の子供が30～40％近い状況にある。

この問題を解消するため、味の素は、KOKOに不足しているリジン等の必須アミノ酸、タンパク質、微量栄養素（ビタミン、ミネラル）等を補い、KOKOにふりかけるだけで不足している栄養が追加できる栄養補助食品「KOKO Plus」を開発したのである。

しかし、CSR担当部長は、開始当時の会社からの厳命は、継続するために数年後の黒字化であったが、それ以前の問題が山積みであったと述べる。

離乳食のKOKO

出所：味の素（株）

たとえば、当時のＪＩＣＡはビジネス支援のノウハウが少なかったこと、現地で生産委託する食品会社に品質管理や生産管理等のノウハウがなく、なかなか一定の品質に届かなかったこと（一時は味の素ブランドでの提供の断念まで考えたそうである）、調味料などの既存商品の販売がなく、活用できる自社の販路自体がまったくないこと、母親は子供の食事には神経質であり、そう簡単には新しい商品を手に取ってもらえないこと等々である。

同社に味方したのは、国際的な発展途上国援助の潮流が、単なる援助ではなく、長期にわたって地域貢献が可能となる持続可能なビジネスで行う方向に変化していたことにある。そして、栄養改善に貢献するという高い志、必ずビジネス化するという覚悟、そして東南アジアで現地の人を大切にするマネジメントで成功したという経験が、さまざまなＮＧＯ・ＮＰＯやガーナ政府等の信頼を得て、当該事業の当初から協力を得られたのである。

KOKO Plusのパッケージ
出所：味の素（株）

その過程を見てみよう。まず、同社は、原材料（大豆）の現地調達を確保する。以前から連携していたガーナ大学がＫＯＫＯ Ｐｌｕｓのテストプラントの母体となり、テスト期間はガーナ大学製の商品として同商品を扱い信頼性を担保する。テスト終了後は世界の栄養問題の解決に取り組むＮＧＯのＧＡＩＮとの連携で同機関との関係のある現地食品会社のＹｅｄｅｎｔによる現地生産体制を構築し、現地の人の雇用確保を行う。

ＫＯＫＯ Ｐｌｕｓの効果を疫学的に調査し、この必要性を母親に理解してもらう栄養教育を行うため、地域住民との信頼関係の高いＰＬＡＮに母親への声がけを依頼し、調査や栄養教育を行うために集会所等に集まってもらう。栄養教育は、ガーナ大学で指導を受けた人材が行う。効果の測定・評価は、世界の栄養問題の解決を目指す米国のＮＰＯのＩＮＦとガーナ大学が共同で行い客観性を確保する。

販売は、比較的に経済状態がよく、人口密度の高い南部ではＮＧＯのステータスを持ち家族計画や感染症の予防に関する社会性の高い商品のマーケティングを行う南アフリカのＥＳＭ社と提携する。同社とガーナ保健省の協力を得て、ラジオ番組でＫＯＫＯ Ｐｌｕｓの効果や販売場所等を宣伝する。また、保健所、教会、学校等で栄養教育を行う旨の告知を

KOKO Plus の販売員と販売風景

出所：味の素（株）

行い、そこでKOKO Plusを販売する。特に、保健省が管轄する保健所での栄養教育は母親の信頼も高いため、その教育効果も高いとのことである。

逆に、経済的に厳しく、人口密度も低い北部では、東南アジアで行った現地販売員による直販体制のマネジメントを援用し、彼らにしかわからない集落まで販売網を構築しようとしている。まず、経済的に厳しい家庭でもワンコインで買えるよう商品の容量を調整する。次に、女性のエンパワーメントを育成する国際NGOのCAREと協力し、ビジネスを行う女性にKOKO Plusを体感してもらい、販売員としてコミュニティの中で対面販売を行ってもらう。

現状、同社は直販と代理店の双方から販売網を構築中であるが、直販では300人体制になるまで現地の人の採用を行う計画である。また、自分の子供の成長状況を体感した母親の口コミは相応の効果があり、良い環境が整いつつあるとのことである。

4．道徳経済合一の成功条件

KOKO Plus事業は、2014（平成26）年に科学的なデータを収集する効果確認試験が終了した。

今後の展開について、味の素の社長は、2015（平成27）年6月放映のTV番組で「経営の意志として『やろう』ということでスタートしている」、「ゆっくりと時間をかけて気を長くやっていく」（BSジャパン：『ありがとう』といわれる仕事～ソーシャルビジネス2015～）と述べている。また、番組収録後、同社社長は、CSR担当部長に「自分が会社としてやると（番組で）明言したことで、企業としての強い意志を示した」との旨を述べたとのことである。

渋沢は、『実験論語』の「論語『算盤』説」の節で「事業を全て損得で考えて出資するかどうかを決めていれば、社会に必要なのに収益の上がらない事業は発展しないことになる。それゆえ、私は必要な事業は利潤を第二に考え、起こすべきは支援し、利潤を上げるように経営にあたるべきものと考える」と述べている（渋沢著・由井監修、2010）。この言葉は、味の素の社長が提示した「企業としての強い意志」と相通じるものと考えられよう。

ポーターらのCSVと道徳経済合一説は、既述のように、環境・社会問題の積極的な解決を企業の利益に結びつける側面を持つ点で親和性が高い。しかし、前者は収益を重視する経営戦略論を基盤とするため、その参入と撤退の困難さをあまり意識していないのに対し、後者はその困難を乗り越えて必ず成功させるという企業の覚悟を明確にしている点で決定的な差異がある。

実際、KOKO Plusが本格販売直前までたどり着いたのは、味の素の高い志と収益化への覚悟、地道な努力、人を大切にするマネジメント経験が、現地の住民、大学、政府機関、NPOなどに受容され、協力を得られた結果である。次は事業拡大という新たなステージが待ち受けているが、彼らはビジネスとして成功させる強い意志を表明している。

道徳経済合一説は、社会全体の利益へ寄与する企業の高い志、ビジネスとして成功させる強い覚悟と地道な努力、人を大切にするマネジメントにその本質があると論結される。しかし、CSR担当部長は、今回の取材の最後に「ソーシャルビジネスは簡単ではない」と述懐している。安易な戦略的CSRやCSVを行う企業がその困難さを本当に理解しているのかは別の問題となろう。

（謝辞）味の素の記述は、同社CSR部担当部長（2015年7月7日現在）への取材（2008〜2015年）、および講演会（2009年2月5日）の内容による。深くお礼を申しあげたい。なお、内容に誤謬等があればその責は本章担当者にある。

【エピローグ】 実践で生かす「論語と算盤」の経営―チェックリスト

1．『論語と算盤』等からのチェック項目の選定

渋沢は、91歳の生涯を見ると、豪農の子から武士身分を獲得した後、パリ万博参加の使節団に随行して渡航し、西洋の仕組みを学び帰国している。

その後、明治新政府では大蔵省の経済官僚として活躍した後、企業人・企業経営者として、第一国立銀行をはじめ製紙、紡績、鉄道、保険、運輸等多くの会社設立と運営に携わった。

そのほか、社会事業や教育などにも尽力し、生涯現役として多彩な人生を送り、偉大な業績を残している（島田昌和『渋沢栄一　社会企業家の先駆者』岩波新書、２０１１年）。

「実践で生かす「論語と算盤」の経営―チェックリスト」は、渋沢の偉大な業績を踏まえて、現代人として学ぶべき真髄を、『論語と算盤』を中核にして、『渋沢栄一訓言集』『渋沢栄一伝記資料』などから、総合的にチェックポイントとして選定しまとめた。

渋沢は、『論語と算盤』等の中で人生論、人間論、道徳論、経営哲学等と幅広く語っている。そこで、①経営の本質、②経営者の姿勢、③自己の磨き方、④人との交わり、の4項目に絞って実践に生かすチェックリストとした。

2．実践で生かす「論語と算盤」の経営―チェックリスト40

【チェックの方法】

・【実践で生かす「論語と算盤」の経営―チェックリスト40】の質問について、次のとおり判断して□の中に記入する。

「はい」○：そのとおりである。

「いいえ」×：そうではない。

「どちらともいえない」△：まだ不十分である。

・さらに別紙に、次のように対応をまとめると成果が上がる。

「はい」の場合：その実情を要約して記載する。

「いいえ」の場合：今後の対応策を考える。

「どちらともいえない」の場合：今後の改善策を工夫する。

【実践で生かす「論語と算盤」の経営―チェックリスト40】

（1）経営の本質

□ 会社は、株主に委託されたものと認識しているか？
□ ステークホルダーの信任を失ったときは、潔く退任すると覚悟しているか？
□ 実業は、国力のエンジンと認識しているか？
□ このビジネスは、多くの人に幸福を与えるか？
□ 「他人をも利すること」を考えているか？
□ 弱者の自立を促すような対応をしているか？
□ 短所を直すよりも、長所を伸ばそうと努力しているか？
□ 経済に国境はないと認識して運営しているか？
□ ビジネスという木を育てるには、道徳という根を固めているか？
□ 「天からみれば、人間は皆、同じである」と考えて、経営をしているか？

（2）経営者の姿勢

□信用は、自社の資本と受け止めているか？

□競争にもモラルが必要だと認識して対応しているか？

□結果を出すことよりも、まず自分の本分を尽くすことを考えているか？

□自社のみならず、社会も儲かるビジネスと見きわめているか？

□感激がやる気を生むと認識しているか？

□順境も逆境も自分が作りだすものであると、認識しているか？

□大きな目標へ、ゆっくり急ぐという姿勢を維持しているか？

□信と義は表裏一体であると考えて行動しているか？

□王道を歩くよう心がけているか？

□「よいことをせよ」は世界共通言語と認識して、対応しているか？

（3）自己の磨き方

□人は理想を持たねばならぬと考えているか？

□優れたものの魂を真似ているか？

□ すべては心の持ち方次第であると認識しているか？
□ 優れた人格とお金儲けは、立派に両立すると認識しているか？
□ 信じていないことを口に出さないと決めているか？
□ どんな人間の前にも、「道」はあると信じているか？
□ 葉のためには枝を、枝のためには根を養うと考えているか？
□「親孝行とは、親のお蔭でできるものである」と深く心に刻んでいるか？
□ 自分の天命を知ろうと心がけているか？

（4）人との交わり

□ 人の本質を見抜くのには、視て、観て、察すると理解しているか？
□ 優れた人は、静と動を両立させると理解しているか？
□ 結末よりも、過程が大切と認識しているか？
□ 心の余裕は、「仁」から生まれると考えているか？
□ 走り出す前に考えるよう努力しているか？
□ 率直に望めば、運命は拓けると信じているか？
□ 自分のための努力だけでは、人は幸福になれないと信じているか？

□ 性格の丸い人間でも、どこかに角がほしいものだと理解しているか？

□ 人間の根本には、「愛」と「善」があると認識して、対応しているか？

□ 形だけの「礼」は、礼をしないよりも悪いと認識して行動しているか？

付録　渋沢栄一の関連年表

太字：本書関連のできごと

年号	年齢	渋沢栄一の生い立ちと事績	本書関連、日本および世界の動き
1840（天保11）	0歳	**2月13日、武蔵国榛沢郡血洗島村（現在の埼玉県深谷市血洗島）にて、父・市郎右衛門、母・えいの三男として誕生。** 幼名は市三郎。その後、栄二（治、次）郎、栄一と改名。	**大倉喜八郎の誕生（1837年）。** **大隈重信の誕生（1838年）。** 天保の改革（1830〜44年） 中国・アヘン戦争（1840〜42年）
1847（引化4）	7歳	**従兄である尾高惇忠の下で四書五経の勉強を開始。また、薦めに応じて『日本外史』など数多くの書籍を読んだ。**	
1858（安政5）	18歳	従妹のちよ（尾高惇忠の妹）と結婚。	**黒船来航（1853年）** 日米和親条約（1854年） **日米修好通商条約** 安政の大獄（1858〜59年）
1863（文久3）	23歳	**尊皇攘夷に目覚め、幕府の秕政を強く感じ、尾高惇忠や渋沢喜作らと高崎城乗っ取りや横浜の外国人居留地焼き打ちを計画するも中止。郷里を離れ京都へ向かう。**	桜田門外の変（1860年） 米国・南北戦争（1861〜65年）
1864（元治元）	24歳	**一橋慶喜に仕え、一橋家の家政改善などに貢献。** 篤太夫と改名。	長州征伐（1864〜65年）

太字：本書関連のできごと

年号	年齢	渋沢栄一の生い立ちと事績	本書関連、日本および世界の動き
1866（慶応2）	26歳	**征夷大将軍・徳川慶喜の幕臣となる。**	薩長同盟
1867（慶応3）	27歳	**徳川慶喜の弟・昭武に従いフランスのパリ万博に随行し、欧州諸国の実情を視察。**	大政奉還・王政復古 **パリ万国博覧会**
1868（明治元）	28歳	**新政府の帰朝命令によりフランスより帰国。**	**明治維新** 戊辰戦争（1868～69年）
1869（明治2）	29歳	日本初の株式会社ともいわれる商法会所を静岡藩に設立し、頭取となる。 **民部省（後に大蔵省と合併）租税正として、租税制度、公債制度などの企画立案を担当する。** **民部省改正掛掛長を兼ねる。** 篤太郎と改名。その後、栄一だけを用いるようになる。	
1870（明治3）	30歳	大蔵少丞となる。 官営富岡製糸場の事務主任となる。	
1871（明治4）	31歳	**『立会略則』を刊行。** **『航西日記』を刊行。** **大蔵省の大蔵大丞となり、紙幣頭を兼任する。**	廃藩置県
1872（明治5）	32歳	**大蔵省三等出仕、大蔵少輔事務取扱となる。** **国立銀行条例の制定。**	富岡製糸場が尾高惇忠を初代場長として操業を開始。 新橋―横浜間に鉄道開通。

1873（明治6）	33歳	**抄紙会社（後の王子製紙㈱、現在の王子ホールディングス㈱）が創立。その後、王子製紙㈱の取締役会長となる。** **財政改革の主張が入れられず、井上馨とともに大蔵省を退官。財政改革に関わる奏議を太政官に提出。** **第一国立銀行（現在の㈱みずほ銀行）が開業し、総監役となる。**	
1875（明治8）	35歳	**第一国立銀行の頭取となる。** **商法講習所（現在の一橋大学）の創立、経営委員となる（後に東京高等商業学校商業委員）。** **東京会議所（後に解散し、東京府会へ移管）の会頭となる。** **東京鉄道組合が組織される。**	万国郵便連合の設置（1874年）。 台湾出兵
1876（明治9）	36歳	**養育院（同年6月に東京養育院と改称）の事務長（後に院長）に就任する。**	
1877（明治10）	37歳	銀行団体・択善会（後の東京銀行集会所、現在の東京銀行協会）を組織する。その後、銀行集会所、東京銀行集会所の会長となる。	西南戦争
1878（明治11）	38歳	**東京商法会議所（後の東京商業会議所）を創立し、会頭となる。** 東京株式取引所（現在の東京証券取引所）開業。	

太字：本書関連のできごと

年号	年齢	渋沢栄一の生い立ちと事績	本書関連、日本および世界の動き
1879（明治12）	39歳	**グラント将軍（元第18代米国大統領）の歓迎会を東京接待委員長として取り仕切る。** 東京海上保険会社（現在の東京海上日動火災保険㈱）を創立し、相談役となる。	沖縄県を設置。
1880（明治13）	40歳	博愛社（現在の日本赤十字社）創立・社員（後に常議員）。	国会期成同盟の結成。
1881（明治14）	41歳	**東京大学にて「日本財政論」を講義。**	
1882（明治15）	42歳	妻・ちよ死去。	日本銀行条例により日本銀行が成立。 **五島慶太の誕生。**
1883（明治16）	43歳	兼子（かね、水戸藩・金子御用達　伊藤八兵衛の娘）と再婚。 **大阪紡績会社（現在の東洋紡㈱）の相談役となり、工場操業を開始する。** **東京電灯会社（現在の東京電力㈱の前身）が開業。**	**鹿鳴館の開館。**
1884（明治17）	44歳	**日本鉄道会社（後の日本国有鉄道、現在の東日本旅客鉄道㈱）の理事委員（後に取締役）となる。**	華族令公布
1885（明治18）	45歳	**東京瓦斯会社（現在の東京ガス㈱）が創立。** 日本郵船会社が創立され、後に取締役となる。	内閣制度制定 第1次伊藤博文内閣発足
1886（明治19）	46歳	**竜門社（現在の公益財団法人渋沢栄一記念財団）が創立。**	ノルマントン号事件

1887（明治20）	47歳	発起人総代として有限責任東京ホテル（後の帝国ホテル㈱）の創立を出願。その後、帝国ホテル㈱の取締役会長となる。発起人総代として札幌麦酒会社（現在のサッポロビール㈱）設立を出願する。後に札幌麦酒㈱の取締役会長となる。	
1888（明治21）	48歳	**東京女学館が開校し、会計監督（後に館長）となる。**	
1889（明治22）	49歳	**有限責任東京石川島造船所（現在の㈱IHI）を創立。**	大日本帝国憲法発布
1890（明治23）	50歳	貴族院議員を任ぜられる。	第1回帝国議会開催
1891（明治24）	51歳	東京交換所（後の東京手形交換所）を創立し、委員長となる。**東京商業会議所（現在の東京商工会議所）が開設され、会頭となる。**	
1892（明治25）	52歳	東京貯蓄銀行（現在の㈱りそな銀行）を創立し、取締役（後に取締役会長）となる。	
1895（明治28）	55歳	北越鉄道会社（後の日本国有鉄道、現在の東日本旅客鉄道㈱）が創立する。監査役（後に相談役）となる。	日清戦争（1894～95年） 台湾の日本統治（1895～1945年）。

太字：本書関連のできごと

年号	年齢	渋沢栄一の生い立ちと事績	本書関連、日本および世界の動き
1896（明治29）	56歳	日本精糖（現在の大日本明治精糖㈱）を創立し、取締役となる。 第一国立銀行が営業満期により株式会社第一銀行となり、引き続き頭取となる。	
1897（明治30）	57歳	澁澤倉庫部を開業する。後に組織を改め澁澤倉庫㈱とするにあたり、発起人となる。	貨幣法の制定。金本位制の施行。
1899（明治32）	59歳	朝鮮で鉄道事業を行う京仁鉄道合資会社を創立し、社長となる。	
1900（明治33）	60歳	男爵を授けられる。	中国・義和団の乱
1901（明治34）	61歳	**日本女子大学校を開校し、会計監督（後に校長）となる。**	
1902（明治35）	62歳	日本興業銀行（現在の㈱みずほ銀行）を設立。 **兼子夫人同伴で欧米視察。米国ルーズベルト大統領と会見。**	日英同盟協定調印
1906（明治39）	66歳	**京阪電気鉄道会社を創立し、創立委員長（後に相談役）となる。**	日露戦争（1904〜05年）
1907（明治40）	67歳	**帝国劇場㈱が創立され、取締役会長となる。**	
1908（明治41）	68歳	中央慈善協会（現在の社会福祉法人全国社会福祉協議会）を設立し、会長となる。	

1909（明治42）	69歳	第一銀行と東京貯蓄銀行を除き、これまで関係した諸会社59社、その他諸団体の役職を辞任する。 **渡米実業団を組織し、団長として渡米。米国タフト大統領と会見。**	**ピーター・ドラッカーの誕生。**
1911（明治44）	71歳	勲一等瑞宝章を授与される。	韓国併合（1910年） 中国・辛亥革命
1912（大正元）	72歳	ニューヨーク日本協会協賛会を創立し、名誉委員長となる。	中華民国の成立。
1913（大正2）	73歳	日本結核予防協会を創立し、副会頭（後に会頭）となる。 日本実業協会を創立し、会長となる。	
1914（大正3）	74歳	日中経済界の提携のため中国訪問。	**サラエボ事件** **第一次世界大戦（1914~18年）**
1915（大正4）	75歳	**明治神宮奉賛会副会長に就任。** 排日移民問題解決、パナマ太平洋万国博覧会見学のため渡米。	
1916（大正5）	76歳	日米関係委員会が発足し、常務委員となる。 **『論語と算盤』を刊行。** 第一銀行の頭取等を辞め実業界を引退。	
1917（大正6）	77歳	日米協会を創立し、名誉副会長となる。 ㈶理化学研究所が設立。副総裁となる。	ロシア革命 **㈱鈴木商店（現在の味の素㈱）が創立。**
1918（大正7）	78歳	**『徳川慶喜公伝』を刊行。** **住宅地開発を行う田園都市㈱を設立。**	

太字：本書関連のできごと

年号	年齢	渋沢栄一の生い立ちと事績	本書関連、日本および世界の動き
1920（大正9）	80歳	㈳国際聯盟協会を創立し、会長となる。子爵を授けられる。	第一次世界大戦後のパリ講和会議の開催（1919年）。国際連盟設立 **明治神宮の創建。**
1921（大正10）	81歳	国際軍縮会議であるワシントン会議の実況視察のため渡米。	
1922（大正11）	82歳	**田園都市㈱の一部門から目黒蒲田電鉄㈱（現在の東京急行電鉄㈱）を設立。** 温故学会が社団法人化され、改組後、維持委員となる。	
1923（大正12）	83歳	秩父セメント㈱（現在の太平洋セメント㈱）が設立され、当会社を援助する。㈶二松學舍にて漢学講義録刊行着手にあたり論語全篇を講義する。関東大震災後、大震災善後会を創立し、副会長として被災者救援に尽力。	関東大震災
1925（大正14）	85歳	『論語講義』を刊行。	治安維持法制定

年号		渋沢栄一を取り巻く状況	本書関連、日本および世界の動き
1926（大正15）	86歳	㈳日本放送協会（後のＮＨＫ）が創立され、顧問となる。 この年以降、㈳国際聯盟協会会長として東京中央放送局にて「平和記念日に就て」と題する講演を放送する。	
1928（昭和3）	88歳	日本航空輸送㈱の創立に際し、創立委員長となる。 勲一等旭日桐花大綬章を授与される。	最初の男子普通選挙の実施。
1929（昭和4）	89歳	中央盲人福祉協会を創立し、会長となる。	世界恐慌
1931（昭和6）	91歳	**11月11日、永眠。**	満州事変
1932―88（昭和7―63）		**『渋沢栄一伝記資料』本巻58巻・別巻10巻の編纂・刊行（1932～71年）。** **渋沢史料館の開館（1982年）。**	太平洋戦争（1941～45年） **過度経済力集中排除法の施行（1947年）。** **石油輸出国機構（ＯＰＥＣ）の設立（1960年）。** **大気汚染防止法の施行（1968年）。** **ピーター・ドラッカー『断絶の時代』を刊行（1968年）。** **アデランスが創業（1969年）。**
1989（平成元）		**渋沢研究会の発足。**	

太字：本書関連のできごと

年号	渋沢栄一を取り巻く状況	本書関連、日本および世界の動き
1995（平成7）	**渋沢栄一記念館の開館。**	
2000（平成12）	**埼玉県による渋沢栄一賞の創設。**	
2006（平成18）	**渋沢栄一顕彰事業㈱の設立。** 華中師範大学（中国・武漢市）内に渋沢栄一研究センター開設。	
2007～（平成19～）		**リーマンショック（2008年）** **味の素グループによるガーナ栄養改善プロジェクト開始（2009年）。** **社会的責任規格ISO26000の発行。** **東日本大震災（2011年）** **電力小売全面自由化（2016年）** **東京オリンピック（2020年）**

（注）公益財団法人渋沢栄一記念財団（http://www.shibusawa.or.jp/）の渋沢栄一年譜などを参考に編者作成。

参考文献

プロローグ

・Chandler, R. (1958) *Playback.*（清水俊二訳『プレイバック』早川書房、1977年）
・Greenleaf, R.K. (1970) *The Servant as Leader*, Robert K. Greenleaf Center
・Watson, T. J. Jr. (1963) *A Business and Its Beliefs*, McGraw-Hill
・三方よし研究所『近江商人の理念と商法』2012年
・司馬遼太郎『竜馬がゆく（第5巻・回天篇）』文藝春秋、1966年
・渋澤　健『巨人・渋沢栄一の富を築く100の教え』講談社、2007年
・渋沢栄一（守屋淳訳）『現代語訳　論語と算盤』ちくま新書、2010年
・寺本義也・岡本正秋・原田保・水尾順一『経営品質の理論』生産性出版、2003年
・童門冬二『上杉鷹山の経営学』PHP研究所、1992年
・水尾順一「経世済民：顧客満足は社員の満足から」埼玉新聞、2013年4月20日
・水尾順一「守りと攻めの、強くやさしい会社」繊研新聞、2015a年7月7日
・水尾順一「企業の社会的責任と人権：愛される会社目指し」高知新聞、2015b年7月20日
・『「ずーっと。」人と社会を支える』渓仁会グループCSRレポート、2015年

第1章

・『渋沢栄一伝記資料』（本巻58巻）渋沢栄一伝記資料刊行会、1955～65年
・『渋沢栄一伝記資料』（別巻10巻）渋沢青淵記念財団竜門社、1965～71年

・『竜門雑誌』第1〜677号、竜門社・渋沢青淵記念財団竜門社、1888〜1948年
・渋沢研究会編『公益の追求者・渋沢栄一』山川出版社、1999年
・于　臣『渋沢栄一と〈義利〉思想』ぺりかん社、2008年
・島田昌和『渋沢栄一　社会企業家の先駆者』岩波新書、2011年
・井上　潤『渋沢栄一　近代日本社会の創造者（日本史リブレット人）』山川出版社、2012年

第2章
・『渋沢栄一伝記資料　第1巻〜第4巻、第49巻』渋沢栄一伝記資料刊行会、1955年
・渋沢敬三『青淵詩歌集』角川書店、1963年

第3章
・水尾順一『セルフ・ガバナンスの経営倫理』千倉書房、2003年
・陶　徳民・姜　克實・見城悌治・桐原健真『近代東アジアの経済倫理とその実践―渋沢栄一と張謇を中心に（渋沢栄一記念財団叢書）』日本経済評論社、2009年
・渋沢栄一『青淵回顧録』青淵回顧録刊行会、1927年
・島田燁子『日本人の職業倫理』有斐閣、1990年
・渋沢栄一（梶山彬編）『論語と算盤』国書刊行会、1985年
・森田芳雄『倹約斉家論のすすめ―石田梅岩が求めた商人道の原点』河出書房新社、1991年
・島田昌和編『原典で読む渋沢栄一のメッセージ』岩波書店、2014年

第4章
・渋沢栄一（守屋淳訳）『現代語訳　論語と算盤』ちくま新書、2010年

・橘川武郎・島田昌和・田中一弘編著『渋沢栄一と人づくり』有斐閣、２０１３年
・三好信浩『渋沢栄一と日本商業教育発達史』風間書房、２００１年
・日本女子大学女子教育研究所編『大正の女子教育』国土社、１９７５年
・日本女子大学女子教育研究所編『昭和前期の女子教育』国土社、１９８４年
・ＩＳＯ／ＳＲ国内委員会監修『ＩＳＯ２６０００：２０１０社会的責任に関する手引き』日本規格協会、２０１１年
・小林俊治・百田義治編『社会から信頼される企業─企業倫理の確立に向けて』中央経済社、２００４年
・田中宏司・水尾順一編著『人にやさしい会社　安全・安心、絆の経営』白桃書房、２０１３年
・渋沢研究会編『公益の追求者・渋沢栄一』山川出版社、１９９９年

第５章

・鹿島　茂『渋沢栄一Ｉ算盤篇』文藝春秋、２０１１年
・橘川武郎・島田昌和・田中一弘編著『渋沢栄一と人づくり』有斐閣、２０１３年
・橘川武郎・パトリック・フリデンソン編著『グローバル資本主義の中の渋沢栄一　合本キャピタリズムとモラル』東洋経済新報社、２０１４年
・見城悌治『渋沢栄一「道徳」と経済のあいだ』日本経済評論社、２００８年
・小橋一郎「わが国における会社法制の形成」国連大学　人間と社会の開発プログラム研究報告、１９８１年
・小林和子『株式会社の世紀　証券市場の１２０年』日本経済評論社、１９９５年
・柴田　実『人物叢書　石田梅岩』吉川弘文館、１９６２年
・渋沢栄一『論語と算盤』角川学芸出版、２００８年

・渋沢栄一『渋沢百訓　論語・人生・経営』角川学芸出版、２０１０年
・渋沢栄一記念財団編『渋沢栄一を知る事典』東京堂出版、２０１２年
・『渋沢栄一伝記資料　別巻第6、講話（2）』渋沢青淵記念財団竜門社、１９６８年＝青淵百話を収載
・田中宏司・水尾順一編著『三方よしに学ぶ　人に好かれる会社』サンライズ出版、２０１５年
・土屋喬雄『人物叢書　渋沢栄一』吉川弘文館、１９８９年
・箱井崇史「フランスにおける取締役民事責任法理の形成と展開」早稲田法学会誌第42巻、１９９２年

第6章

・島田昌和『渋沢栄一　社会企業家の先駆者』岩波新書、２０１１年
・島田昌和「渋沢栄一による資金と信用の供与」経営論集（文京女子大学）第13巻第1号、２００３年
・「渋沢同族会会議録」渋沢資料館所蔵
・渋沢栄一（大江志乃夫訳）『航西日記』（世界ノンフィクション全集14）筑摩書房、１９６１年

第7章

・今泉宜子『明治神宮―「伝統」を創った大プロジェクト』新潮社、２０１３年
・今泉宜子『明治神宮と青年団の造営奉仕』日本青年館、２０１５年
・今泉宜子『「永遠の森」誕生の力学』清文社、２０１０年
・宮脇　昭『鎮守の森』新潮文庫、１９９７年
・上原敬二『人のつくった森―明治神宮の森〔永遠の杜〕造成の記録』東京農大出版会、１９７１年、改訂新版２００９年
・『渋沢栄一伝記資料　第41巻』渋沢栄一伝記資料刊行会、１９６２年

・「ナショナル・ジオグラフィック日本版」２０１6年1月号、日経ナショナル・ジオグラフィック社
・坂本慎一『渋沢栄一の経世済民思想』日本経済評論社、２００２年
・飯島伸子『環境問題の社会史』有斐閣、２０００年
・藤田大誠・畔上直樹・今泉宜子・青井哲人編『明治神宮以前・以後　近代神社をめぐる環境形成の構造転換』鹿島出版会、２０１５年
・渋沢栄一『論語と算盤』角川学芸出版、２００８年

第8章

・ピーター・ドラッカー『マネジメント（上）』ダイヤモンド社、２００８年
・ピーター・ドラッカー『断絶の時代』ダイヤモンド社、２００８年
・ＮＨＫスペシャル『明治〈１〉変革を導いた人間力』日本放送出版協会、２００５年
・渡部昇一『渋沢栄一「論語と算盤」が教える人生繁栄の道』致知出版社、２００８年
・田中直隆『渋沢栄一物語』三冬社、２０１４年
・安富　歩『ドラッカーと論語』東洋経済新報社、２０１４年
・一条真也『孔子とドラッカー』三五館、２０１１年
・上田惇生・井坂康志『ドラッカー入門　新版』ダイヤモンド社、２０１４年
・佐久　協『１００分de名著　論語』ＮＨＫテレビテキスト、２０１１年
・山本七平『渋沢栄一　近代の創造』祥伝社、２００９年

第9章

・『渋沢栄一伝記資料』（本巻58巻）渋沢栄一伝記資料刊行会、１９５５～６５年

・「商人の輿論をつくる！：渋沢栄一と東京商法会議所」渋沢栄一記念財団渋沢史料館、２０１４年
・東京商工会議所編『渋沢栄一　日本を創った実業人』講談社、２００８年
・『先人の志を今へ』東京商工会議所、２００８年
・『東商八十五年史』東京商工会議所、１９６６年
・『東商百年史』東京商工会議所、１９７９年

第10章

・『東京瓦斯七十年史』東京ガス、１９５６年
・『東京ガス百年史』東京ガス、１９８６年
・東京ガスグループ内広報誌『ＧＡＳ』東京ガス、２０１５年
・橘川武郎「需要家の強固信頼　東京ガス１３０年の試練の歴史」ガスエネルギー新聞、２０１５年10月26日付
・鹿島　茂『渋沢栄一Ⅰ算盤編』『渋沢栄一Ⅱ論語編』文藝春秋、２０１１年
・渋沢栄一（守屋淳訳）『現代語訳　論語と算盤』ちくま新書、２０１０年
・島田昌和『渋沢栄一　社会企業家の先駆者』岩波新書、２０１１年
・津本　陽『小説　渋沢栄一』幻冬舎文庫、２００７年

第11章

・『東京石川島造船所五十年史』ＩＨＩ、１９３０年
・『石川島重工業株式会社１０８年史』ＩＨＩ、１９６１年
・高松　昇『平野富二の生涯　上／下』ＩＨＩ、２００９年
・古谷昌二『平野富二伝　考察と補遺』朗文堂、２０１３年

・島田昌和『渋沢栄一　社会企業家の先駆者』岩波新書、２０１１年
・片塩二郎『富二奔る―近代日本を創ったひと・平野富二』朗文堂、２００２年

第12章

・野田正穂他編『東京横浜電鉄沿革史』（１９４３年刊行の社史）日本経済評論社、１９８３年
・東急電鉄田園都市事業部編『多摩田園都市―開発35年の記録』東京急行電鉄株式会社、１９８８年
・東急電鉄社長室『TOKYU CORPORATION 2013-2014』東京急行電鉄株式会社、２０１３年
・渋沢栄一『雨夜譚　余聞』小学館、１９９８年
・渋沢栄一『論語と算盤』角川学芸出版、２００８年
・猪瀬直樹『土地の神話　東急王国の誕生』小学館、１９８８年
・鹿島　茂『渋沢栄一Ⅰ算盤編』『渋沢栄一Ⅱ論語編』文藝春秋、２０１１年
・「『経営の視点』私鉄の脱・小林一三戦略」日本経済新聞、２０１５年5月11日
・「『働き方ＮＥＸＴ』逆転の発想、住宅街に職場」日本経済新聞、２０１５年6月23日

第13章

・渋沢栄一（大江志乃夫訳）『航西日記』（世界ノンフィクション全集14）筑摩書房、１９６１年
・渋沢栄一（守屋淳編訳）『現代語訳　渋沢栄一自伝』平凡社新書、２０１２年

第14章

・Porter, M.E. and M.R. Kramer, "Strategy and Society," *Harvard Business Review, Vol.84, No12, December* 2006, Harvard Business School Publishing, 2006,P78-P93
・Porter, M.E. and M.R. Kramer, "Creating shared Value" *Harvard Business Review, Vol.89 No1/2, January-*

February 2011, Harvard Business School Publishing.P2-P17,2011
・渋沢栄一（由井常彦監修）『現代語訳　経営論語』ダイヤモンド社、２０１０年
・渋沢栄一（梶山彬編）『論語と算盤』国書刊行会、１９８６年
・渋沢栄一（国書刊行会編）『徳育と実業―錬金に流されず』国書刊行会、２０１０年
・中野目純一・広野彩子「ＣＳＲの呪縛から脱却し、『社会と共有できる価値』の創出を―マイケル・ポーター米ハーバード大学教授が提示する新たな枠組み」日経ビジネスオンライン、2011.5.16，UTL: http://business.nikkeibp.co.jp/article/manage/20110516/219999/

エピローグ

・渋沢栄一『論語と算盤』角川学芸出版、２００８年
・渋澤　健『渋沢栄一１００の訓言』日本経済新聞出版社、２０１０年
・島田昌和『渋沢栄一　社会企業家の先駆者』岩波新書、２０１１年
・渋沢栄一（守屋淳編訳）『現代語訳　渋沢栄一自伝』平凡社新書、２０１２年
・本郷陽二『渋沢栄一　巨人の名語録』ＰＨＰ研究所、２０１２年

著者紹介

■編著者

水尾　順一（みずお　じゅんいち）〈プロローグ執筆〉

駿河台大学経済経営学部・大学院総合政策研究科教授、博士（経営学：専修大学）。1947年生まれ。神戸商科大学（現・兵庫県立大学）卒業、（株）資生堂を経て1999年駿河台大学へ奉職、現在に至る。専門はCSR、経営倫理論など。東京工業大学大学院理工学研究科・東洋大学経営学部兼任講師、日本経営倫理学会副会長、経営倫理実践研究センター首席研究員、2010年ロンドン大学客員研究員。2008～2009年度経済産業省BOPビジネス研究会等座長・委員。CSRイニシアチブ委員会代表、（株）アデランス社外取締役、（株）西武ホールディングス企業倫理委員会社外委員。

【主要著書】『マーケティング倫理が企業を救う』生産性出版、『三方よしに学ぶ　人に好かれる会社』サンライズ出版（共編著）、『人にやさしい会社』白桃書房（共編著）、『CSRで経営力を高める』東洋経済新報社、『セルフ・ガバナンスの経営倫理』千倉書房、『CSRマネジメント』生産性出版（共編著）

田中　宏司（たなか　ひろじ）〈エピローグ執筆〉

一般社団法人経営倫理実践研究センター理事・首席研究員、東京交通短期大学名誉教授（元学長）。1959年中央大学第2法学部・1968年同第2経済学部卒業。1954～90年日本銀行、1970年ミシガン州立大学留学（日銀派遣）、ケミカル信託銀行を経て、2002～06年立教大学大学院教授、2008～13年東京交通短期大学学長・教授。1996～2010年高千穂大学・早稲田大学大学院・関東学院大学・日本大学等兼任講師を歴任。経済産業省・日本規格協会「ISO/SR国内委員会」「ISO26000JIS化本委員会」委員等歴任。

【主要著書】『CSRの基礎知識』日本規格協会、『コンプライアンス経営［新版］』生産性出版、『実践！コンプライアンス』PHP研究所、『人にやさしい会社』白桃書房（共編著）、『三方よしに学ぶ　人に好かれる会社』サンライズ出版（共編著）

蟻生　俊夫（ありう　としお）〈年表作成〉

一般財団法人電力中央研究所企画グループ上席、白鷗大学経営学部兼任講師（1995年～）、日本経営倫理学会常任理事・CSR研究部会長、公益事業学会評議員。1988年東北大学大学院修了（工学修士）、（財）電力中央研究所経済研究所入所。1992年日本開発銀行非常勤調査員、1994年ドイツケルン大学エネルギー経済研究所客員研究員、2005～14年電力中央研究所社会経済研究所上席研究員。

【主要著書】『CSRマネジメント』（共著、生産性出版）、『CSRイニシアチブ』日本規格協会（共編著）、『やさしいCSRイニシアチブ』日本規格協会（共編著）、『人にやさしい会社』白桃書房（共著）、『グローバル企業の経営倫理とCSR』白桃書房（共著）、「日本企業におけるCSR体制・活動の財務業績への影響に関する実証分析」日本経営倫理学会誌第22号、『三方よしに学ぶ　人に好かれる会社』サンライズ出版（共著）

■執筆者（掲載順）

渋澤　　健（しぶさわ　けん）〈特別寄稿〉

コモンズ投信（株）会長、シブサワ・アンド・カンパニー（株）代表取締役、渋沢栄一記念財団業務執行理事、経済同友会幹事など、その他複数の職務に従事。1961年生まれ。69年父の転勤で渡米し、83年テキサス大学化学工学部卒業。財団法人日本国際交流センターを経て、87年UCLA大学MBA経営大学院卒業。JPモルガン、ゴールドマンサックスなど米系投資銀行でマーケット業務に携わり、96年米大手ヘッジファンドに入社。2001年に独立し、シブサワ・アンド・カンパニー（株）を創業、07年コモンズ投信（株）を創業。

【主要著書】『渋沢栄一100の訓言』日経ビジネス人文庫、『渋沢栄一　愛と勇気と資本主義』日経ビジネス人文庫

井上　潤（いのうえ　じゅん）〈第1章執筆〉
（公財）渋沢栄一記念財団事業部長・渋沢史料館館長、企業史料協議会監事、国際常民文化研究機構（神奈川大学）運営委員、（公財）北区文化振興財団評議員、（公財）埼玉学生誘掖会評議員。
【主要著書】『渋沢栄一―近代日本社会の創造者』山川出版社、『新時代の創造　公益の追求者・渋沢栄一』山川出版社（共著）、『記憶と記録のなかの渋沢栄一』法政大学出版局（共著）、『Rediscovering Shibusawa Eiichi in the 21th Century』Shibusawa Eiichi Memorial Foundation（共著）

新井　慎一（あらい　しんいち）〈第2章執筆〉
渋沢栄一顕彰事業（株）代表取締役、深谷市郷土文化会会長、東都医療大学非常勤講師、埼玉工業大学非常勤講師、大人のための学びの場・入江アカデミア講師。
【著書】『渋沢栄一を生んだ「東の家」の物語』博字堂、『渋沢栄一とその周辺』博字堂、『若き日の渋沢栄一　事上磨錬の人生』深谷てててて編集局

平野　琢（ひらの　たく）〈第3章執筆〉
昭和女子大学人間文化学部国際学科非常勤講師。一橋大学経営学修士課程修了。大手出版社にて内部統制推進業務に従事したのち、学協会の倫理委員、東京財団のリサーチアシスタントを経て現職。専門分野はリスクマネジメントおよび経営倫理。

桑山　三恵子（くわやま　みえこ）〈第4章執筆〉
一橋大学CFO教育研究センター客員研究員（元一橋大学大学院法学研究科特任教授）、経営倫理実践研究センター主任研究員、駒澤大学非常勤講師、逗子フェアトレードタウンの会理事、元（株）資生堂法務部部長、CSR部部長。修士（経営学：筑波大学）、一橋大学商学研究科後期博士課程単位取得。
【主要著書】『社会から信頼される企業』中央経済社（共著）、『人にやさしい会社』白桃書房（共著）

荻野　博司（おぎの　ひろし）〈第５章執筆〉
東洋学園大学グローバル・コミュニケーション学部教授、多摩大学客員教授、ＮＰＯ日本コーポレート・ガバナンス・ネットワーク理事。1975 年一橋大学法学部卒業。朝日新聞社論説副主幹などを経て、現職。2014 年から苫小牧埠頭社外監査役。
【主要著書】『問われる経営者』中央経済社、『日米摩擦最前線』朝日新聞社、『コーポレート・ガバナンス—英国の企業改革』商事法務研究会（編著）

三嶋　浩太（みしま　こうた）〈第６章執筆〉
社会起業家。シンクタンク、証券会社、バイオベンチャーを経て、（株）ツバルの森 創業。日本証券アナリスト協会検定会員。慶應義塾大学理工学部卒業、桑沢デザイン研究所・戦略経営デザイン専攻修了。
【寄稿・講演】日本経済新聞、東京証券取引所、神奈川県、愛知県など多数

清水　正道（しみず　まさみち）〈第７章執筆〉
CCI 研究所代表、筑波学院大学客員教授、日本広報学会常任理事・研究委員会委員長、日本パブリックリレーションズ協会理事、日本経営倫理学会会員等。
【主要著書】『環境コミュニケーション』同友館、『広報・PR 概論』同友館（共著）、『広報・ＰＲ実務』同友館（共著）、『会社員のためのＣＳＲ経営入門』第一法規（共著）、『ＣＣ戦略の理論と実践—環境・ＣＳＲ・共生』同友館（共著）、『環境経営学の扉—社会科学からのアプローチ』文眞堂（共著）

北村　和敏（きたむら　かずとし）〈第８章執筆〉
（株）大塚製薬工場総務部部長、経営倫理士、日本経営倫理学会会員、日本経営倫理士協会理事、ドラッカー学会企画編集委員、「少子高齢社会」分科会顧問。
【主要著書】『「組織の社会的責任」分科会 2013 年度成果報告書』ドラッカー学会（共編著）、『三方よしに学ぶ　人に好かれる会社』サンライズ出版（共著）

荒井　隆一郎（あらい　たかいちろう）〈第９章執筆〉
東京商工会議所広報部副部長、編集担当・ＰＲ担当課長、経済資料センター所長。東京商工会議所共済センター所長、中野支部事務局長等を経て、2015年より現職。

平塚　　直（ひらつか　ただし）〈第10章執筆〉
経営倫理実践研究センター主幹、日本経営倫理学会会員、経営倫理士。日本ビクター（株）にて品質管理部、商品検査所、ステレオ事業部企画室、オーディオ事業部営業課長、営業本部企画部次長、業務部次長、CS本部人事責任者を担当。パナソニックエクセルスタッフ（株）横浜支店顧問を経て2010年より現職。
【主要著書】『三方よしに学ぶ　人に好かれる会社』サンライズ出版（共著）

水本　伸子（みずもと　のぶこ）〈第11章執筆〉
（株）IHI執行役員、グループ業務統括室長。前・CSR推進部長。技術同友会会員。

村井　　淳（むらい　じゅん）〈第12章執筆〉
東京急行電鉄（株）執行役員（人材戦略室長）。1985年早稲田大学卒業。東急グル―プのブランドマネジメントおよび、ホテル、リゾート事業などホスピタリティ関連の事業会社のマネジメントを担当後、2012年（株）東急ホテルズ取締役、2015年現職就任。

箕輪　睦夫（みのわ　むつお）〈第 13 章執筆〉
（株）アデランス海外事業本部副本部長兼 CSR 推進部長、日本経営倫理学会会員、異文化経営学会会員。
【主要論文・著書】
「アデランスの事業と一体となった戦略的 CSR 活動」経営倫理№.76、経営倫理実践研究センター、2014 年、『新しい時代の技術者倫理』NHK 出版（事例執筆）、『三方よしに学ぶ　人に好かれる会社』サンライズ出版（共著）

吉田　哲朗（よしだ　てつろう）〈第 14 章執筆〉
都内信託銀行運用部主任ファンドマネージャー、日本経営会計学会理事、県立宮城大学非常勤講師（2012 ～後期のみ）。2004 年早稲田大学大学院修了（学術修士）、2015 年上智大学院後期博士課程資格取得満期退学。1986 年より証券会社、損保系投資顧問等を経て現職。
【主要論文・著書】「戦略的 CSR の活動と具体的マネジメントに関する考察」日本経営倫理学会誌第 20 号、『人にやさしい会社』白桃書房（共著）

取材・編集協力：
一般社団法人経営倫理実践研究センター専務理事　河口　洋徳（かわぐち　ひろのり）

一般社団法人　経営倫理実践研究センターについて

一般社団法人経営倫理実践研究センターは、通称を“ベルク”と称します。BERC（Business Ethics Research Center）に由来しているからです。ベルクは企業の経営倫理を実践・研究するわが国初の産学協同の専門機関として1997（平成9）年に、志ある企業経営者と日本に経営倫理の概念を広げようとしていた一人の学者によって創設されました。その後活動を続ける中で、組織としての実態や規模の拡大を背景に、2009（平成21）年度には一般社団法人となりました。

一方ベルクは同じく経営倫理について学問的視点から研究を深める「日本経営倫理学会」と、経営倫理を学習する企業人等の志ある個人に対して「経営倫理士」という資格付与を行うNPO法人「日本経営倫理士協会」との三位一体的な活動を行っています。

経営倫理に関する国内外の情報収集や研究、企業活動に対するコンサルティング、企業人への啓発・普及・出版活動など、文字通り具体的な研究と実務に努めてまいりました。現在では、その実績の積み重ねにより会員企業も150社を超えてまいりました。あらゆる業種業態を含む、企業や法人への継続的な経営倫理やCSR活動全般に資する活動をこれからもさらに充実させ、日本の企業を超えた組織経営への支援を続けることで、この書籍のテーマでもある、「渋沢栄一に学ぶ「論語と算盤」の経営」に向けて、本書の執筆に当たられた多くの先生方、企業人とともにこれからも積極的に活動を展開して参る所存です。

（一社）経営倫理実践研究センター
専務理事　河口 洋徳

2016年5月1日　第1刷発行

渋沢栄一に学ぶ「論語と算盤」の経営

田中　宏司
©編著者　水尾　順一
蟻生　俊夫
発行者　脇坂　康弘

〒113-0033 東京都文京区本郷3-38-1
発行所　株式会社　同友館
TEL. 03 (3813) 3966
FAX. 03 (3818) 2774
URL http://www.doyukan.co.jp

落丁・乱丁本はお取替えいたします。　萩原印刷／東京美術紙工
ISBN 978-4-496-05197-5　Printed in Japan